Staatliche Kunsthalle Karlsruhe
Verlag für moderne Kunst Nürnberg

Miroslaw Balka
Wir sehen dich

Herausgeber:
Staatliche Kunsthalle Karlsruhe
Julian Heynen

Vorwort

Die aufmerksamen Beobachter im Stadtraum von Karlsruhe, die Besucher, die sich dem Hauptgebäude der Staatlichen Kunsthalle nähern – sie werden durch ein Plakat irritiert, das ihnen mehr Fragen stellt, als es zu beantworten vermag. Im Frühjahr 2010 annonciert das Museum die Ausstellung *Miroslaw Balka Wir sehen dich* mit dem fotografisch entstellten, unscharfen Ausschnitt eines Bildes der spätmittelalterlichen Kunst. Kenner der Sammlung werden darin vielleicht eines der Hauptwerke des Museums wiedererkennen: die *Entkleidung Christi* des Meisters der Karlsruher Passion. Das Plakat, der Flyer, die Einladung – alle Printmedien zur Ausstellung arbeiten mit diesem durch Unschärfe verfremdeten Bild, mit einem Bild, das sich im Original gerade durch seine prononcierte Schärfe in der Darstellung, durch seine unverwechselbare Malweise und den Verzicht auf atmosphärische Werte auszeichnet. Doch die Verwendung der Unschärfe für die Ausstellungsgrafik ist mehr als das Ausbeuten eines beliebten Effekts, der – wo immer er uns begegnet – neugierig macht. Diese kalkulierte Bildstörung in Verbindung mit dem kontrastiven Titel der Ausstellung *Wir sehen dich* verweist auf eine künstlerische Intervention über das Sehen, über die museale Wahrnehmung und unsere historisch sich wandelnden Erwartungen an das Bild.

Mit dieser Ausstellung eröffnet die Staatliche Kunsthalle eine neue Reihe, die in loser Folge und ohne fest umrissene Formate künftig weiterverfolgt werden soll. Die Spielregel ist relativ einfach: Ein Künstler, der bisher noch nicht mit der Kunsthalle und ihren Sammlungen verbunden war, wird eingeladen, eine Ausstellung zu konzipieren, mit der er sich auf je unterschiedliche Weise mit dem Ort, den Räumen des Museums oder der Sammlung auseinandersetzt, um auf diese Weise künstlerisches Schaffen und institutionelle Geschichte zu verschränken. Erstmals wird nun ein Künstler in den Räumen der altdeutschen Kunst ausstellen. Neu ist auch die Arbeit mit einem Gastkurator, der einen Künstler seiner Wahl vorschlägt. Der polnische Bildhauer Miroslaw Balka (geb. 1958) wurde von dem Düsseldorfer Kurator Julian Heynen ausgewählt. Doch warum einem „Uneingeweihten“ die Stimme in einem Bereich geben, in dem die Expertise der Spezialisten allein zählen sollte? Selbstverständlich ist der Sammlungskurator an der Ausstellung intensiv beteiligt, stellt sein Fachwissen zur Verfügung, aber Künstler und Gastkurator sind in ihren wesentlichen Entscheidungen souverän. Die Zusammenarbeit ist getragen von gegenseitigem Vertrauen und der Überzeugung, dass eine neue Zugangsweise, ein anderer Blick den Reichtum der Sammlung und ihrer Bedeutung nur erhöht – für den Kenner wie für den interessierten Laien. Wir sehen dich steht auch als Metapher für diesen neuen Blick, der das Museum in produktive Unruhe versetzt. Denn das Museum erweitert mit dieser Reihe seine klassischen Aufgabenfelder – das Sammeln, Bewahren, Forschen und Vermitteln – um eine fünfte Komponente: das Produzieren, also die Herstellung neuer Werke, deren Auftraggeber die Staatliche Kunsthalle Karlsruhe ist.

Zu danken ist Miroslaw Balka, der die Einladung zu einer großen neuen Arbeit in den Räumen und mit den Werken der Sammlung altdeutscher Kunst in der Kunsthalle bereitwillig angenommen hat. Es ist zweifellos ein künstlerisches Wagnis, ein neues und eigenständiges Werk zwischen den Bildern des Meisters der Karlsruher Passion, zwischen Cranach und Dürer, Baldung und Grünewald zu realisieren. Beeindruckt von der Qualität der Karlsruher Sammlung und in großem Respekt vor ihren historisch gewachsenen Strukturen, hat Balka doch keine zaghafte Intervention vorgeschlagen, sondern eine eindrucksvolle Arbeit, die sich in seinem Werk überzeugend an das große Londoner Projekt *How it is,* das in der Turbine Hall der Tate Modern 2009/2010 zu sehen war, anschließt. Julian Heynen, der seit vielen Jahren mit dem Künstler im Dialog steht, war nicht nur der Impulsgeber für dieses Vorhaben, sondern auch der sorgfältige Betreuer auf allen Ebenen der Realisierung. Ihm zur Seite stand mit Holger Jacob-Friesen der Kurator der Sammlung Alter Meister in der Kunsthalle. Er hat sein breites fachliches Wissen großzügig eingebracht und den vorliegenden Katalog durch eine eigenständige Interpretation von Balkas Arbeit bereichert. In Regine Heß hatte das Projekt eine umsichtige Koordinatorin, die die zum Teil komplizierten Arbeitsabläufe aufs beste zu steuern wusste. Die technische Leitung lag bei Frank Lautenschläger als externem Partner sowie bei Michael Kirchgässner seitens der Kunsthalle. Die kaufmännische Betreuung ruhte in den bewährten Händen von Priska Weßbecher.

Die Firma Ziehl-Abegg hat sich im 100. Jahr ihres Bestehens zu einer Sachmittelförderung unserer Ausstellung entschlossen: Acht Ventilatoren, an markanten Punkten von Balkas Arbeit installiert, wurden uns dankenswerterweise großzügig zur Verfügung gestellt. Für die Unterstützung und die gute Kooperation sind wir dem Vorsitzenden des Vorstands Peter Fenkl und dem Marketingleiter Martin Müller in besonderer Weise verpflichtet.

Mein herzlicher Dank gilt allen Autorinnen und Autoren des Katalogs, dem Übersetzer Ian Pepper, dem Fotografen Norbert Miguletz, der Grafikerin Anna Węsek, der Lektorin Martina Buder vom Verlag für moderne Kunst Nürnberg und der Fotoabteilung des Hauses, vertreten durch Wolfgang Pankoke. Die Presse- und Öffentlichkeitsarbeit wurde von Carmela Thiele geleitet, tatkräftig unterstützt von Britta Borger und Rebecca Debatin. Für die Gestaltung der Printmedien zeichnet das Frankfurter Büro Fine German verantwortlich, dem wir nicht nur die Idee der Unschärfe verdanken, sondern ein insgesamt erneuertes Erscheinungsbild unserer Hausgrafik. Allen am Projekt beteiligten Kolleginnen und Kollegen der Staatlichen Kunsthalle, auch den hier nicht namentlich genannten, gilt mein herzlicher Dank.

Pia Müller-Tamm

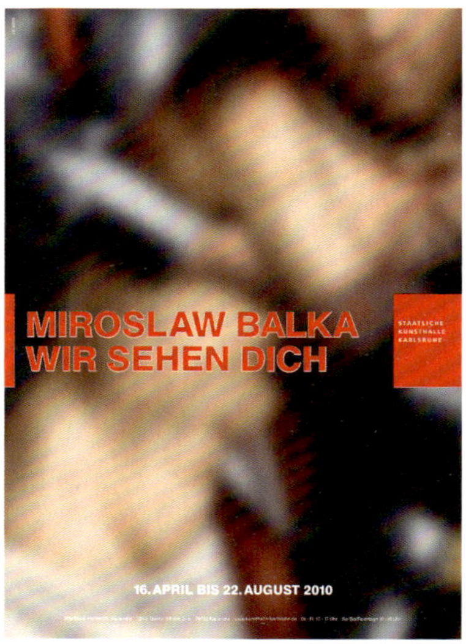

Miroslaw Balka Wir sehen dich
Plakat zur Ausstellung vom 16.4. bis 22.8.2010
in der Staatlichen Kunsthalle Karlsruhe

Essays

Julian Heynen
Holger Jacob-Friesen
Regine Heß
Pia Müller-Tamm

Julian Heynen

Fremd werden, näher kommen

Vor die Kunst hat die Moderne das Museum gesetzt. Es ist zwar nicht der einzige Zugang zu ihr, aber es hat im Laufe seiner gut zweihundertjährigen Geschichte wesentlich die Art und Weise bestimmt, wie wir Kunst wahrnehmen und definieren. Der allein zum Zweck der Präsentation, der Ordnung und der Vermittlung von Kunst ausgegrenzte und hergerichtete Bereich des Museums, das, was schließlich das späte 20. Jahrhundert den „White Cube" nennt, hat eine Kultur des Zeigens und des Wahrnehmens hervorgerufen, die gleichzeitig ein Wertesystem darstellt. Wie es scheint, hat nur eine Kunst mit dem Potenzial, den Bestimmungsort Museum zu erreichen, im westlich geprägten, aber zunehmend global werdenden Markt der Sensibilitäten und Bedeutungen eine Chance. Einige Künstler versuchen, diese Institution mit ihrer Arbeit zu kritisieren und zu unterlaufen, ohne bislang allerdings eine merkliche Veränderung des Systems „Museum" oder „Kunst" herbeiführen zu können. Hier soll nun nicht dieser Gegenbewegung zur Musealisierung der Kunst nachgegangen werden, denn dazu kann man an anderen Stellen manches nachlesen. Es geht vielmehr um eine mögliche Ausgangsfrage, die sich bei Miroslaw Balkas Arbeit *Wir sehen dich* stellt: Wie bewegen wir uns im Museum oder, besser, wie steuern die Architektur und die Konventionen der Bilderpräsentation unsere Aufmerksamkeit? Die Sammlung altdeutscher Malerei in der Kunsthalle Karlsruhe ist nicht nur der konkrete Anlass, sondern auch ein gleichsam klassisches Beispiel. Ausgewogene Raumproportionen, eine abwechslungsreiche Reihung unterschiedlicher Raumgrößen, ein gleichmäßiges, möglichst natürlich scheinendes Licht, zurückhaltende, aber Ordnung anzeigende Details, wie Türeinfassungen, Sockel oder Sitzbänke, sowie neutralfarbige Wände prägen eine Atmosphäre der Ruhe, der Seriosität, der Erwartung, der Kontemplation. Die Hängung der Bilder folgt einem doppelten Prinzip kunsthistorischer Kriterien und ästhetischer Attraktion. Sprachliche Erläuterungen zu den so dargebotenen visuellen Erlebnissen sind diskret an Saalzettel oder die personale Betreuung des Betrachters delegiert. Der einzelne

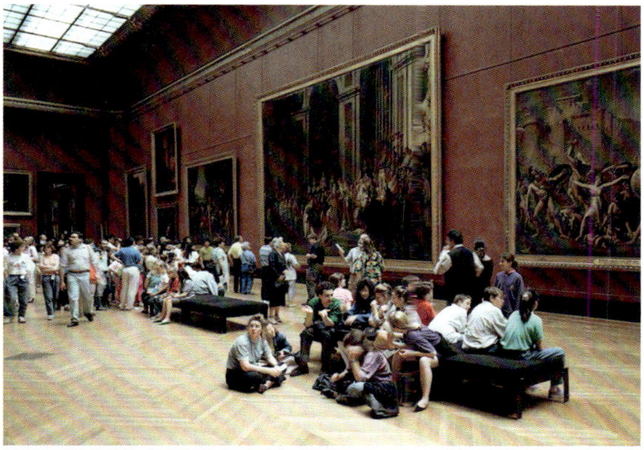 [1]

Thomas Struth, *Musée du Louvre*, Paris, 1989

Besucher ist frei, seinen Weg zu wählen. Er kann in dieser oder jener Richtung durch die Raumfolge gehen, er kann sich systematisch an den Wänden entlang bewegen und Bild für Bild erfassen, er kann aber auch beim Betreten eines Raumes, bewusst oder unbewusst von seinem Vorlieben oder seiner momentanen Stimmung geleitet, auf einzelne Werke zugehen, andere unbeachtet lassen oder ganze Räume, ohne anzuhalten, hinter sich bringen. All das sind seit Generationen eingespielte Verhaltensweisen; so dekliniert sich die räumliche und psychologische Annäherung an Kunst im musealen Standard. Die Vereinbarung ist, dass diese sowohl sachliche wie liberale Ordnung den besten Rahmen für eine Begegnung mit Kunst herstellt. Der Präsentationsapparat Museum gibt vor, nichts als eine neutrale Folie zu sein, vor der Intimität und Erkenntnis in der Begegnung mit Kunst möglich werden. So macht er vergessen, dass er ein beinahe kannibalischer Mechanismus ist, der visuelle Produkte der verschiedensten Zeiten, unterschiedlichsten Kulturen und diversen Funktionen seinen Ordnungskriterien unterwirft, dass er Werke aus ihren Zusammenhängen herausreißt, dass er Fragmente und Relikte als ästhetische und inhaltliche Einheiten darbietet. Das geschieht selbstverständlich in der besten Absicht, um der Kunst und des Betrachters, des Interessenten willen, der nicht nur erfreut, sondern auch belehrt werden soll, wie die alte Formel lautet. Das räumliche, atmosphärische und inhaltliche Regime, das so die Begegnung mit Kunst steuert, ist zweifellos subtil. Aber es ist ohne Frage auch ein wirksamer Filter, der die Bilder bei aller ihnen innewohnenden Fremdheit als verfügbar erscheinen lässt. Wir haben uns so stark an die Darreichungsform Museum gewöhnt, dass die Kunstwerke in ihm allzu häufig zu scheinbaren Bekannten, zu kulinarischen Signalen oder zu passenden Belegstücken unseres Wissens gerinnen. Zu selten wird gefragt, was uns eigentlich von diesem oder jenem konkreten Bild oder Objekt trennt, ob es überhaupt eine Verbindung zu uns heute und hier gibt und worin sie bestehen könnte. Ein Künstler aus der Generation von Balka, nämlich Thomas Struth,

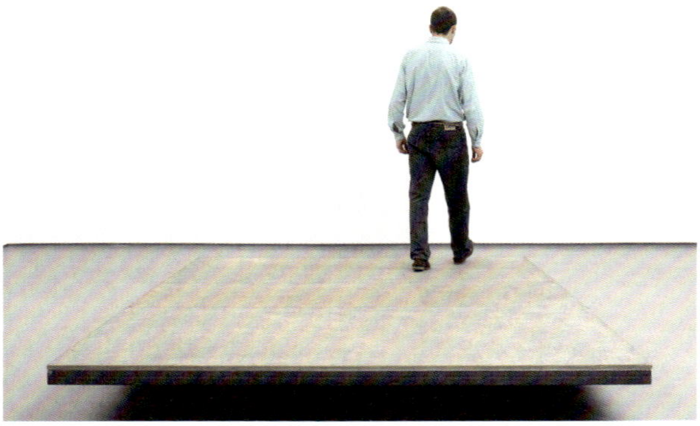

[2]

Miroslaw Balka, *400 x 250 x 30,* 2005

geht diesem beunruhigenden Verhältnis in seinen Museumsfotografien nach [Abb. 1]. Über die soziologische Beobachtung hinaus thematisieren seine Bilder die Skepsis, ob eine Verbindung der beiden Welten des heutigen Betrachters und der alten Bilder im Museum überhaupt möglich ist, aber auch das Staunen darüber, dass sie offenkundig unvermindert gesucht und bisweilen auch gefunden wird.

Miroslaw Balka beobachtet mit seiner Karlsruher Arbeit dieses Verhältnis nicht, sondern er verändert es als Bildhauer physisch und nachhaltig. Er setzt den musealen Raum- und Verhaltenskonventionen ein neues Wegeregime entgegen. Der Besucher stößt in den Sälen auf eine Vorrichtung, die nicht nur einen ganz anderen materiellen Klang in die sonst so gelassene und aufgeräumte Situation bringt, sondern seine Bewegungsfreiheit merklich einschränkt. Seine Wege werden zu einem gewissen Grad festgelegt; er muss diese Konstruktion benutzen, um von Raum zu Raum und zu den einzelnen Kunstwerken zu gelangen. Der aus einfachen Stahlrahmen und einem industriellen Gitterzaun bestehende Gang führt mit einer Ausnahme durch alle Galerieräume und schließt sie in einer Art Kreisbahn zusammen. Schon gleich nach seiner ersten Besichtigung der Säle der altdeutschen Malerei dachte der Künstler an eine Arbeit, die das Thema des Wegs aufgreift. Die Bilder der sogenannten *Karlsruher Passion,* aber auch andere Darstellungen des Leidens Jesu und schließlich die christliche Vorstellung des Lebenswegs mögen dabei eine Rolle gespielt haben. Für den Bildhauer waren es aber zuerst einmal die räumlichen Verhältnisse selbst, die ihn auf das Motiv des Weges und der in sich geschlossenen Bahn geführt haben. Er war vom Kurator mit der Anregung konfrontiert worden, sich mit seinen Arbeiten in die Nähe gerade dieser Kunstwerke in diesen Räumen zu begeben. Die Idee basierte auf der Vermutung, dass es eine wie auch immer geartete Beziehung zwischen der Körperlichkeit in den spätmittelalterlichen und frühneuzeitlichen Bildern und dem spezifischen Umgang mit Körperlichkeit in Balkas

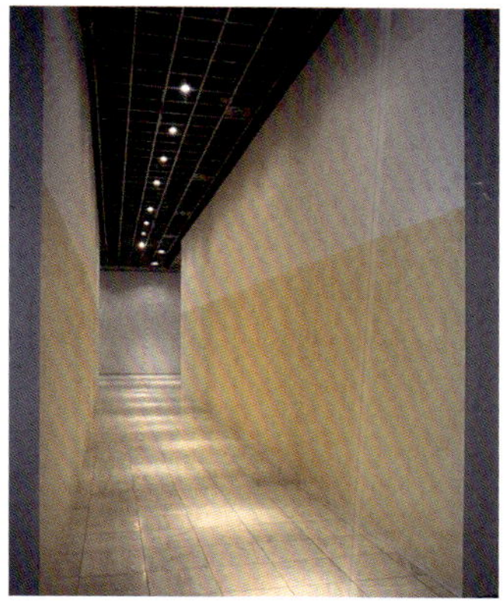

[3]

Miroslaw Balka, *Soap Corridor*, Osaka, 1998

Arbeit gibt. Schnell war klar, dass nicht einzelne seiner Skulpturen zu einzelnen alten Kunstwerken Kontakt aufnehmen sollten, sondern die Situation als Ganzes Ausgangspunkt einer die Welt der Vergangenheit und des Museums umfassenden Intervention werden würde. Nach ersten Überlegungen, bei denen der Eingriff des Künstlers selbst beweglich gewesen wäre, gelangte er zur Formulierung eines Weges, der die natürliche Bewegung des Besuchers kanalisiert. Der Korridor schlägt gleichsam eine Schneise durch den Wahrnehmungsraum des Museums und hält den Besucher auf Distanz zu den Bildern. Er kann sie durch das Gitter zwar sehen, aber in einer unbefriedigenden Weise. Sie verharren in der Weite eines Außenraums, während er den Restriktionen eines wenig Spiel gebenden Innenraums unterworfen ist. Die Selbstverständlichkeit, mit der sonst Betrachter und Kunstwerke im Museum den gleichen Raum zu teilen scheinen, ist unterbrochen oder zumindest stark irritiert. Die Aufteilung des physischen Raums stellt die angenommene Einheit des atmosphärischen, des geistigen und des kulturellen Raums zwischen Betrachter und Kunstwerken infrage: Die Bilder haben die Chance, zu Anderen, zu Fremden zu werden. Die Lebenswelt des Besuchers, seine emotionale, mentale und kulturelle Verfassung, sein historischer Ort, die er alle unbefragt mit ins Museum bringt, und der geschichtliche Ort der Bilder und dessen, was auf ihnen dargestellt ist, rücken auseinander. Und noch etwas anderes scheint sich umzukehren: Sind die Kunstwerke normalerweise als Gegenstände in der Verfügungsgewalt des Betrachters, hat er die Freiheit, sich ihnen zuzuwenden oder nicht und die Form seiner Begegnung mit ihnen zu wählen, so wird er hier nicht nur in seiner Bewegung eingeschränkt, sondern im transparenten Gehäuse des Gangs selbst eingehegt und exponiert, ein in einer Art Käfig zur Schau gestelltes Lebewesen.

Die Trennung der beiden Welten ist jedoch keineswegs rigoros oder gar vollständig. Der visuelle Kontakt ist jederzeit möglich, und wichtiger noch: Es gibt Umsteigestationen. Der Gang durch die Gitterpassage wird skandiert durch doppelt

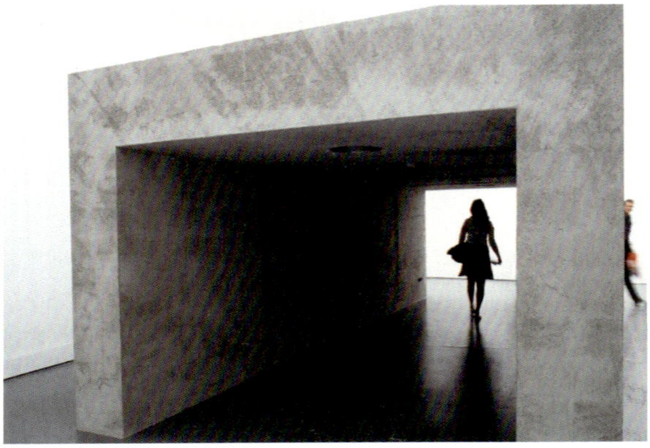

Miroslaw Balka, *750 x 340 x 255 / some in some out*, 2005

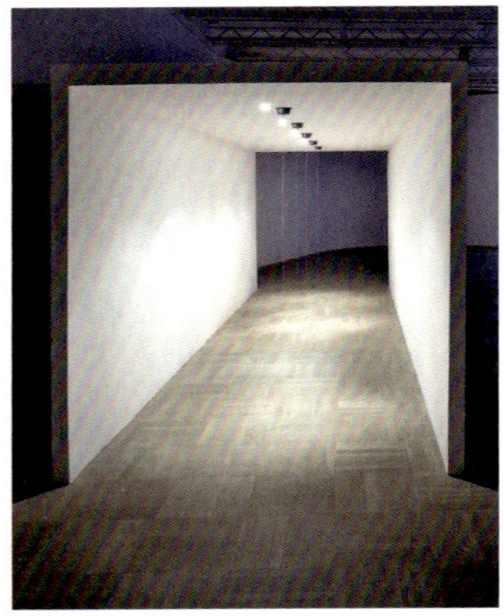

Miroslaw Balka, *Kategorie*, 2005

[4,5]

gekennzeichnete Kreuzungspunkte. In fast allen Sälen gibt es auf beiden Seiten Ausgänge aus dem Korridor; sie führen einen in die gewohnte Freiheit und Nähe den Bildern gegenüber. Schon vorher jedoch werden diese Übergangsstellen in beinahe emphatischer Weise markiert. Nähert man sich ihnen, setzt ein kräftiges Gebläse ein, das auf dem Gang montiert ist. An dem Punkt, wo man die Entscheidung treffen kann, den vorgezeichneten Weg zu verlassen und das Territorium zu wechseln, wird der Körper von einem Luftstrom getroffen und eingehüllt. Verstärkt noch durch das Geräusch des Ventilators – beides Störungen der musealen Atmosphäre – vollzieht sich ein Übergangsritus. Verlässt man diese Stellen, hört der Motor nach einiger Zeit auf zu laufen. Diese mechanische Intervention reagiert auf jeden, der sich den Umsteigepunkten nähert. Die Erfahrung des Wechsels zwischen Korridor und Bildersaal, zwischen Distanz und Nähe, zwischen der Welt der Besucher und der der Kunstwerke wird so begleitet von einer sensorischen Taktung, die nicht nur dem eigenen Aufenthalt in den Räumen, sondern auch den anderer Besucher anzeigt.

Gänge, Korridore, Passagen gibt es immer wieder in Balkas Werk. Dem Weg von einem Hier zu einem Dort, der Annäherung an eine Skulptur, an eine Situation schenkt er besondere Aufmerksamkeit. Man könnte zurückgehen bis zur Präsentation seiner (figürlichen) Examensarbeit von 1985, die eben nicht in irgendeinem Ausstellungsraum, sozusagen ohne Vorbereitung, gezeigt wurde, sondern zu der man als Gruppe aufs Land hinausfahren musste, um sich einer Reihe von kleinen Ritualen zu unterwerfen, bevor man sie im Halbdunkel einer Bauernkate sah. Die Inszenierung eines Wegs, einer gleichsam liturgischen Strecke – so karg sie auch sein mag – gehört zu den religiösen (katholischen) Konnotationen, die zumal am Anfang des Werks unübersehbar sind. Wenn er in der zweiten Hälfte der 1980er Jahre allein oder im Rahmen der Künstlergruppe *Świadomość Neue Bieremiennost* (etwa: Bewusstsein Neue Schwangerschaft) mehrere Performances durchführt, wird nicht nur durch den zeitgebundenen

Charakter dieser Arbeiten das narrative und ritualistische Element der Hinführung auf ein Ereignis – so ephemer es auch sein mag – erneut betont. Auch als er die figurative Plastik verlässt und zu einfachen Formen und Materialien zwischen Abstraktion und Gegenständlichkeit übergeht, gehören zur langsamen, rhythmisierenden Organisation des Raumes durch Skulptur häufig retardierende und überleitende Elemente, die man als Schwellen bezeichnen könnte – einfache Holzbretter am Boden, Stahl- oder Terrazzoplatten, gerade groß genug, dass man darauf stehen könnte, immer jedoch nicht nur abgelegt, sondern sorgfältig mittels kleiner Füße und untergeschobener Filzplatten platziert. Jahre später wird der Schwellensituation in einer anderen Arbeit alles Beiläufige und Leise genommen [Abb. 2]. Um weiter in die Ausstellung zu gelangen, muss der Besucher eine hölzerne Plattform betreten, der in der Mitte ein Stahlrohr untergelegt ist. Unweigerlich schlägt die Platte mit lautem Knall auf den Boden, wenn er den Kipppunkt überschreitet. Seine Anwesenheit, sein Wunsch, zu den Kunstwerken zu gelangen, wird auf fast brutale Weise angezeigt. Unüberhörbar für sich und andere bricht der Besucher zur Kunst vor und in sie ein. – In der Mitte der 1990er Jahre entstehen regelrechte Korridore, die in größeren Ausstellungen Ein- und Überleitungen bilden. Sie orientieren sich an den architektonischen Gegebenheiten; was sie jedoch in hohem Maße zu emotional besetzten Räumen macht, ist, dass ihre Wände menschenhoch mit einer dünnen Schicht Seife bedeckt sind [Abb. 3]. Unmissverständlich signalisiert der Geruch einen Komplex von Vorstellungen persönlicher und allgemeiner Art, die von der Hygiene als grundlegender Kulturtechnik bis zu der (womöglich oder angeblich) aus den Leichen von Opfern der Konzenrationslager hergestellten Seife reichen. In jedem Fall sind diese Korridore Passagen sehr ambivalenter Art, die den, der sie durchmisst, mit anderen als visuellen Signalen einnehmen. Das Ritual eines Übergangs, das sie andeuten, trifft ihre Benutzer nicht im Sinne eines klaren Wechsels von dem einen zu einem anderen Zustand, und als Läuterungszonen

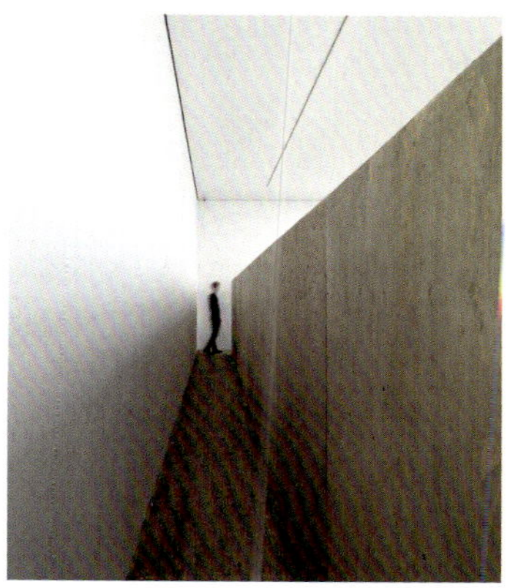

[6]

Miroslaw Balka, *190 x 90 x 4973*, 2008

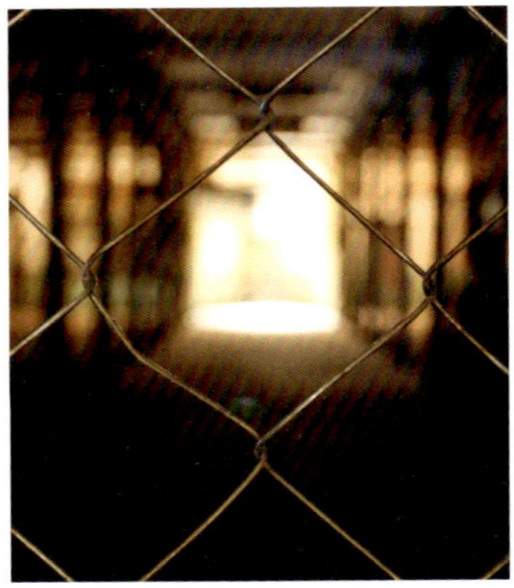 [7]

Miroslaw Balka, *AAA+Rauchsignale*, 2007

sind sie zu zwiespältig. Es bleiben Zwischenräume gesteigerter Sensibilität, die nicht zuletzt Orte der Selbstwahrnehmung sind. – 2005 schließlich errichtet Balka zwei Korridore als autonome, frei stehende Skulpturen, die zwar auch dem Ausstellungsraum eine bestimmte Ausrichtung geben, aber weit mehr auf die Erfahrung in ihrem Inneren konzentriert sind. In ihrer quasi-architektonischen Nüchternheit wirken sie wie Test-Einrichtungen, die mehr etwas Grundsätzliches demonstrieren als eine bestimmte Situation schildern oder ausdeuten wollen. Das eine Tunnelstück, für die sommerhellen Säle der Biennale in Venedig konzipiert, setzt wie bei den Seifenkorridoren den Körper des Benutzers einer unerwarteten Sensation aus: Fünf Mal senden beim Durchschreiten in die Decke eingelassene Gebläse einen starken Luftstrom auf den Besucher herab [Abb. 4]. Die Aggression, die in dieser Berührung durch ein immaterielles Element steckt, ist ebenso verhalten wie beunruhigend. Es ist nur Luft, aber wie sie hier in überschüssiger Menge und industrieller Reihung niedergeht, macht sie die Passage zu einer Strecke, die überwunden werden will. Der sprachliche Teil des Titels (*some in some out*) birgt zudem Obertöne, die wie ein trockenes Echo auf Primo Levis Essays über den Holocaust „Die Untergegangenen und die Geretteten" klingen. An zwei Stellen, auf Kniehöhe, konterkariert eine kleine plastische Geste das Bild extremer Unwirtlichkeit. Dort sind kleine halbkreisförmige Schalen in die Wand eingelassen, so als solle irgendetwas aufgefangen, geborgen oder gespendet werden – Weihwasserbecken kommen in den Sinn. Zwischen der Rigorosität der Tunnelform und der Luftströme und der Humanität der kleinen Behältnisse herrscht eine Spannung, die in einer zweiten Tunnelarbeit noch verstärkt wird. Dort ist der Korridor hell erleuchtet, und ruhig drehen sich fünf Fäden, die hintereinander von der Decke herabhängen, um sich selbst [Abb. 5]. Diese fragile Restform von Skulptur leitet auch hier den Weg durch die Passage, aber die Blicke und Fragen kreisen um die Bedeutung der fünf „Figuren" selbst. Die Arbeit gehört ebenfalls zu den relativ wenigen, die einen sprachlichen Titel haben, der hier einen deutlichen Hinweis gibt: *Kategorie*. Die Farben der Fäden beziehen sich auf einige zur Klassifizierung der Häftlinge benutzte Kennzeichen in den nationalsozialistischen Konzentrationslagern, die „Winkel": rot = politische Gefangene, violett = Bibelforscher, grün = Kriminelle, rosa = Homosexuelle, schwarz = asoziale Elemente. – Diese Gänge dienen nicht nur der Fokussierung auf das, was in ihnen und mit dem Benutzer geschieht, sondern sie schließen ihn auch von dem aus, was außerhalb ist. Wenn Balka in eine Galerie einen schmalen, hölzernen Korridor einbaut, der an den Wänden entlangläuft, blendet er den Schauraum aus, also das, was normalerweise bei der Begegnung mit Kunst den Mittelpunkt bildet [Abb.6]. Dieses Motiv der Ab- oder Aussperrung begegnet einem in vielen Arbeiten. Zäune und Barrieren hindern real oder symbolisch den Zutritt; sie trennen ein Hier von einem Dort, schaffen zwei Zonen unterschiedlicher Art, sondern sie voneinander ab. Bei *AAA+Rauchsignale* (2007) verwehrte ein Maschendraht die freie Bewegung in einem dunklen ehemaligen Fabriksaal, führte den Besucher aber letztlich auf eine gleißende, von oben herabscheinende Lichtquelle zu [Abb.7]. Dieser Übergang vom Dunkel ins Licht war zusätzlich aufgeladen durch ein vom Künstler selbst verhalten gesungenes Schlaflied, das hier aus Lautsprechern ertönte. Immer wieder sind solche Grenzen und Absperrungen nicht bloße Markierungen, gleichsam abstrakte Setzungen, sondern mit emotionalen, historischen und humanen Themen infiltriert. Was zuerst wie ein ironischer Kommentar zur Institution Museum aussieht, nämlich eine Skulptur in Form einer üblichen Sicherheitsabsperrung, entpuppt sich bei näherem Hinsehen als ein höchst ambivalentes Gebilde, sind in das Seil doch Haare eingeflochten, menschliche, so der unmittelbare Gedanke [Abb.8]. Die pragmatische Vorrichtung, die gleichzeitig ein Achtung gebietendes Symbol ist, das die Sphären des Alltags und der Kunst getrennt wissen will, mutiert zu einem zwiespältigen Bild, in dem sich hohe Kunst und menschliches Leid unrein vermischen. Wie die Seife ist auch die Verwertung von Haaren nicht

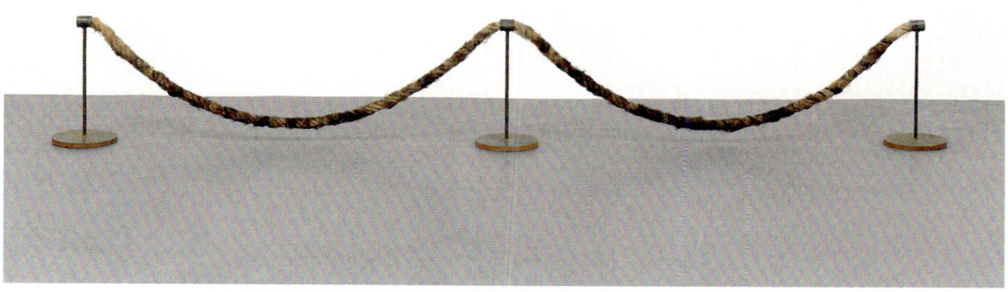

[8]

Miroslaw Balka, *52 x 360 x 25*, 2004

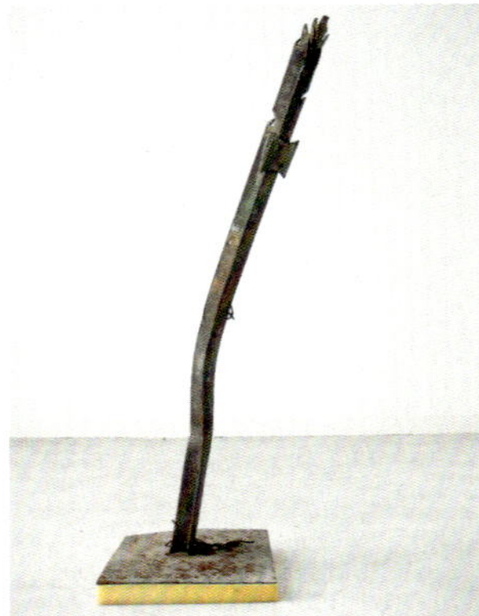

[9]

Miroslaw Balka, *97 x 38 x 45*, 1942/2006

mehr von den Verbrechen in den Konzentrationslagern zu trennen. Ein zu einer Skelett-Figur um einen Eisenpfosten gewickelter Maschendraht, ein Kalender mit Bildern von Hunden hinter mehrfachen Gittern, ein Video, das Rehkitze jenseits des Stacheldrahts des ehemaligen Lagers Birkenau in Auschwitz zeigt, aber auch eine Reihe von Fotos mit Gitterzäunen aus der Umgebung des Ateliers des Künstlers führen diese Reihe fort. In einer auf den ersten Blick unscheinbaren Skulptur schließlich, die nichts weiter als ein Fundstück ist, verdichtet sich das Thema der Absonderung beinahe emblematisch [Abb. 9 und Cover]. Auch diese Arbeit trägt nur den anonymen Titel ihrer Maße, allein die doppelte Datierung deutet einen historischen Zusammenhang an. Das kleine abgebrochene und verbogene Metallstück war wohl Teil des Zaunes, der das jüdische Ghetto von Otwock umgab, jener Kleinstadt bei Warschau, in der Balka aufgewachsen ist und wo er im Haus der Großeltern bis heute ein Atelier unterhält. Die Herkunft des auf einem Schrottplatz vor Ort gefundenen Pfostens ist nicht über jeden Zweifel erhaben. Aber welches Ereignis oder welches Detail einer vergangenen Zeit ist das schon? Wie sicher ist das Wissen um die Einzelheiten einer katastrophischen und umkämpften Geschichte? Eine begründete Vermutung und mehr noch die Form des Relikts mit seiner bewehrten, flammenden Spitze genügen, um es – behutsam und provisorisch auf ein flaches Stück Schaumstoff gesetzt – zu einer Skulptur zu machen, die eine der menschenverachtendsten Absonderungen evoziert. Weit unterhalb des Pathos offizieller Mahnmale ist sie eine Art Hinweis am Wegesrand, lesbar, aber nicht eindeutig: „ein Pfosten macht noch keinen Zaun", wie der Künstler meint. Und wenn man genau hinsieht, sich ganz auf das obere Ende des Eisenteils konzentriert, blendet das zu einem aggressiven Gerät gekerbte und geschnittene Metall über in das Bild einer dunklen Pflanze, einer tückisch-schönen Blüte. Solch eine schmerzlich-verführerische Koppelung der Dinge, in der ästhetische und moralische Zuordnungen zu kollabieren drohen und in der ein notwendiger

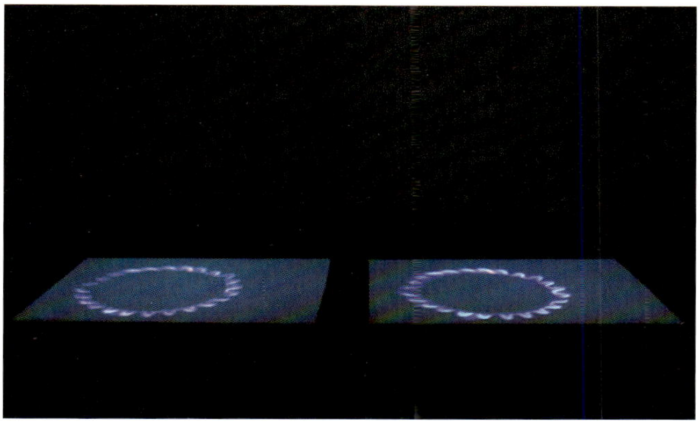

[10]

Miroslaw Balka, *2 x (170 x 126 x 10) BlueGasEyes*, 2004

Zweifel an der künstlerischen Deutungsmacht wohnt, sind nicht selten in Balkas Werk. *BlueGasEyes*, eines der beiden an anderer Stelle des Museums der Ausstellung zur Seite gestellten Videos, rührt an diesen Punkt auf beinahe melodramatische Weise [Abb. 10].

Um von diesem Rudiment einer Abgrenzung wieder zurück in die Nähe der Karlsruher Arbeit zu gelangen, geht der Blick zu einer von ihrem Erscheinungsbild her verwandten Skulptur. 2007 installiert Balka vor dem Museo de Arte Moderna in Rio de Janeiro mit *Cruzamento* zwei sich kreuzende Gänge als Stahl-Draht-Konstruktion, in deren Decke ebenfalls Gebläse eingelassen sind [Abb. 11]. Die Anspielungen auf die christlichen, katholischen Traditionen sowohl Brasiliens wie seines Heimatlandes sind im Titel, in der Form des lateinischen Kreuzes und den fünf Ventilatoren, die auf die Wundmale Jesu bezogen werden dürfen, offensichtlich. Weit entfernt von jeder Exaltiertheit, mit der zumal das Barock Leid und Erlösung in Szene setzt, bricht Balka die symbolische Form auf das Provisorium einer Behelfsarchitektur herunter und richtet die Struktur auf das konkrete Erlebnis des einzelnen Benutzers aus, auf seine körperlich-mentalen Erfahrungen und Reaktionen. Wenn darüber hinaus die mit den Wundmalen assoziierten Ventilatoren nicht Schmerz, sondern (im warmen Klima Rios) Erquickung spenden, scheint das Ausgangsbild auf paradoxe Weise in sein Gegenteil gekehrt. Oder ist es nicht vielmehr so, dass die christliche Dialektik von Leiden und Rettung in Balkas Kreuzweg eine mit leichter Hand ins Werk gesetzte, das Ironische wie selbstverständlich streifende Säkularisierung erfährt? – Der Kontext in Karlsruhe ist ein anderer. An die Stelle der Alltäglichkeit einer städtischen Übergangszone ist die zugleich entspannte und konzentrierte Atmosphäre klassischer Museumssäle getreten. Ein- und Ausschluss beziehen sich nicht nur auf die Menschen, die sich innerhalb oder außerhalb des Korridors bewegen, sondern ebenso auf die hier aufbewahrten Kunstwerke, die Bilder einer fernen Zeit, einer anderen Kultur. Offen und verschlossen zugleich bieten sie Blicke in eine Welt, in der man einiges wiedererkennt, anderes aber entschlüsselt werden will. Das ist nicht nur eine Frage der Ikonographie, sondern auch eine der Haltung, der Ideologie. Was motiviert, was lenkt, was verheißt die Betrachtung: Ästhetik oder Glaube? Balkas Wegstrecke, die irgendwo zwischen Gerät und Skulptur, Instrument und Kunstwerk angesiedelt ist, führt auf diesen Punkt zu. Durch teilweisen Entzug der Bilder, durch die Einschränkung der Bewegungsfreiheit, aber genauso durch die körperliche Erfassung in den Luftströmen an den Transitstationen und durch das rhythmisierende Ritual des Weges durch die „Landschaft" der alten Bilder wird der Kontakt mit den Relikten einer anderen Welt ins physische und mentale Bewusstsein gerückt. *Wir sehen dich* spaltet die Erfahrung, die wir mit uns und den Bildern machen. Die Arbeit nimmt dem Verhältnis seine Geläufigkeit, stört das so scheinbar geschmeidige Miteinander in Genuss und Bildung. Der Karlsruher Korridor tut das jedoch nicht durch Konfrontation oder Negation. Anders als bei der vorausgehenden großen Installation in der Turbinenhalle von Tate Modern in London [Abb. 12] lässt *Wir sehen dich* nicht jegliche museale Erfahrung in reiner Dunkelheit verschwinden und annulliert die reale Bilderwelt nicht zugunsten eines unkontrollierbaren Stroms innerer Bilder. Im Gegenteil: Seine Regie von Abgrenzung und Kontaktaufnahme gibt sowohl dem Besucher und Betrachter als auch den alten Bildern eine spezifische Körperlichkeit (zurück). Sie ist der Transferbereich, von dem aus eine erneute Begegnung in Nähe und Distanz, in Offenheit und Andersartigkeit möglich werden könnte.

Um aber auch wieder auf die Sprache zu kommen: Nach *Lichtzwang* (2006) hat Balka erneut einen Titel von Paul Celan übernommen und gleichzeitig gewarnt: „Titel ist Titel. Gedicht ist Gedicht. Ausstellung ist Ausstellung". Allzu leicht ist man versucht, den Text als Interpretation der Bilder zu lesen, umso mehr als beide Künstler ein großes Thema teilen. *Wir sehen dich* reiht sich jedoch zuerst einmal in die zahlreichen Titel deutscher Sprache ein, die der Bildhauer seit 1992 für seine Ausstellungen verwendet hat und die von so allgemeinen

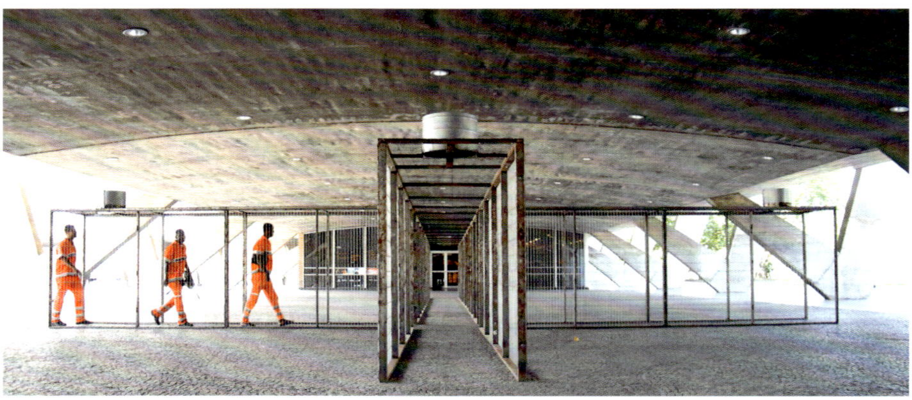

[11]

Miroslaw Balka, *Cruzamento*, 2007

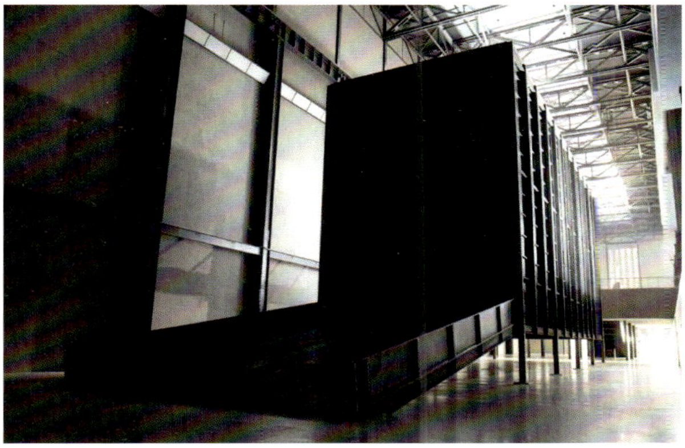

[12]

Miroslaw Balka, *How it is*, 2009

Wörtern wie *bitte, Ruhe* oder *Jetzt* über *Ordnung* oder *schmerzstillend* bis zu eindeutigeren Vokabeln wie *Lebensraum, Winterhilfsverein, Die Rampe* und *Auslöschung* reichen. Ob es nun Ausdrücke der Alltags- oder der Herrschaftssprache sind, er wählt sie, weil sie für ihn sehr direkt und in einer gewissen Weise poetisch klingen. Das von ihm nur rudimentär verstandene Deutsch ist eine Art Schattensprache für ihn, „etwas, das mir nicht aus dem Kopf geht, mich verfolgt". Er gehört einer Generation an, für die der Zweite Weltkrieg und der Holocaust, und damit die unheilvolle Verkettung Deutschlands mit Polen, noch selbstverständlicher Teil der kollektiven und individuellen Gegenwartserfahrung ist. Vier Mal heißt es im kurzen Gedicht Celans „Wir seh(e)n dich". Der Blick geht hinauf zum Himmel und hinab zur Erde und findet dort unausgesetzt Krankheit und Auslöschung: „So mehrst du die Ewigkeit", „So atmen die Brände der Zeit." Es fällt nicht schwer, die Zeilen des Dichters mit den Szenen der Passion und der Martyrien in den Bildern der altdeutschen Malerei zu verbinden und Balkas Einzwängung und Ausrichtung des Betrachters gleichsam als das Bindeglied zwischen beiden zu verstehen. Jenseits des (allzu) Offensichtlichen aber ist es der Titelsatz selbst, der in das Zentrum der Arbeit führt. *Wir sehen dich*: Die Mehrzahl, die Lebenden blicken auf ein Gegenüber, auf die leblosen Objekte aus einer entfernten Zeit, auf die Gesamtheit der alten Bilder, die dennoch in die Intimität des Du gerückt sind. Aber wie in einem gebrochenen Spiegel blicken auch die Bilder, die Augen und die Körper der Figuren, die Innenräume, die Gegenstände und die Weltgegenden in ihnen auf den Betrachter. Erst diese unerhörte Umkehrung des Blicks löst ein produktives Gefühl der Fremdheit zwischen den Bildern und ihm aus. Gleichberechtigt sehen sich einander Unbekannte an. Das erst ist der Ausgangspunkt einer Begegnung jenseits der vermeintlichen Sicherheit des Wissens und der Konvention. *Wir sehen dich* umschreibt so als Ziel oder vielmehr als glücklichen Zufall den seltenen Moment, in dem ein Sehen mit einem Erkennen in eins fällt, ohne Vereinnahmung zu sein.

Holger Jacob-Friesen

„Jeden Tag gehe ich auf den Pfaden der Vergangenheit“

Zu Miroslaw Balkas Karlsruher Installation

Im Frühjahr 1954 kam der in Paris lebende Lyriker Paul Celan auf einer Reise nach Köln. Ein Stadtrundgang mit Heinrich Böll machte auf ihn großen und nachhaltigen Eindruck. Zehn Jahre später erinnerte er sich in einem Brief an seine Frau: „Köln, das ich noch wegen seines Nachklangs auf meinen ersten Spaziergang mit Böll liebe – zerstörte romanische Kirchen, eine davon, ich habe gestern wieder daran denken müssen, mit einem sogenannten ‚Pestkreuz‘, Arme in V-Form.“[1] Zu den vielen, damals fast sämtlich in Trümmern liegenden und heute wieder aufgebauten romanischen Kirchen Kölns zählt St. Maria im Kapitol. Ein Seitenschiff der Ruine war nach dem Krieg als Notkirche hergerichtet. Hier wurde das berühmte, um 1300 entstandene Gabel- oder Pestkreuz präsentiert, auf das sich Celan mit hoher Wahrscheinlichkeit bezieht. Es handelt sich um das älteste Exemplar eines Typus, der zunächst im Rheinland, im Laufe des 14. Jahrhunderts – dem Zeitalter der großen Pest – dann im ganzen Abendland verbreitet war. Ein aus Breslau stammendes, heute in Warschau bewahrtes Gabelkreuz [Abb. 1] zeigt alle Charakteristika der auch „crucifixus dolorosus“ genannten Gattung in besonders eindrucksvoller Weise: den abgemagerten, schlaff hängenden Körper Christi, die zahlreichen Geißelmale, den hervortretenden Brustkorb, die Betonung der Seitenwunde und der anderen Wundmale, die plastisch ausgearbeiteten Blutstropfen, den schmerzerfüllten, dornengekrönten, nach rechts geneigten Kopf. Die von mystischer Frömmigkeit durchdrungenen Gabelkreuze führen dem Betrachter die maßlosen Qualen des Gekreuzigten vor Augen.

1] Zitiert nach Barbara Wiedemann, Zwischen Pestkreuz und Bocklemünd. Paul Celan in Köln, in: Celan-Jahrbuch 9 (2003–2005), S. 103-126, hier: S. 126.

Wie stark das Kölner Gabelkreuz auf Paul Celan gewirkt hat (neben dem Bildwerk in St. Maria im Kapitol wäre auch an ähnliche in St. Georg und St. Severin zu denken), bezeugen nicht nur die zitierte Briefstelle und eine Tagebuchnotiz. Das Erlebnis hat auch künstlerischen Niederschlag gefunden, und zwar im Gedicht *Bei den Zusammengetretenen*. Darin heißt es: „– du, Königsluft, ans / Pestkreuz genagelte, jetzt / blühst du –, / porenäugig, / schmerzgeschuppt,

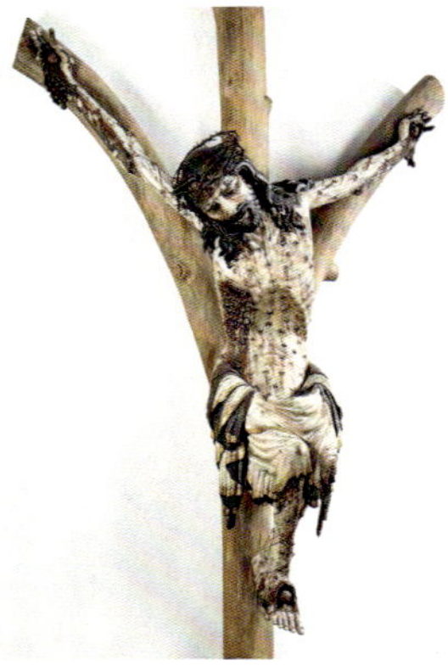

[1]

Crucifixus Dolorosus aus Breslau/Wrocław
Nationalmuseum Warschau, um 1350–1360

zu / Pferde."[2] Celan, der von der Shoah zutiefst traumatisierte jüdische Dichter, hat in Christus nicht den Erlöser, sondern den gemarterten Juden, den verspotteten und zu Tode gepeinigten „König der Juden" gesehen. Die Gabelkreuze des 14. Jahrhunderts zeigen ihn mit großen augenförmigen Blessuren und Blutkaskaden – „porenäugig, schmerzgeschuppt". Diese erschütternde Art der Darstellung hat ihre Nachfolge und ihren späten Höhepunkt im frühen 16. Jahrhundert in den Kreuzigungsbildern Matthias Grünewalds gefunden. Hier ist der Leidensausdruck aufs Höchste gesteigert. Es erscheint bemerkenswert, dass es Celan im März 1970, auf seiner letzten Reise, nach Colmar zog, um dort Grünewalds Isenheimer Altar mit der zentralen Kreuzigung zu sehen. Rund einen Monat später schied er durch Freitod aus dem Leben.

2] Ebd., S. 105 Vgl. Paul Celan. Die Gedichte. Kommentierte Gesamtausgabe in einem Band, hg. und kommentiert von Barbara Wiedemann, Frankfurt a. M. 2003, S. 197.

Balka und Celan

Die Gedichte Paul Celans sind bedeutende Inspirationsquellen für den polnischen Bildhauer Miroslaw Balka. Dies gilt besonders für diejenigen seiner Werke, in denen die Shoah, der Massenmord der Nationalsozialisten an den Juden Europas, das Thema ist oder als Thema mitschwingt. Das Video *T. Turn* von 2004 zeigt in kreisenden Bewegungen den Himmel über dem Vernichtungslager Treblinka und lässt an Celans berühmte *Todesfuge* denken, wo dreimal, mit leichten Variationen, vom „Grab in den Lüften", „in den Wolken" bzw. „in der Luft" die Rede ist.[3] Die auch in der Karlsruher Ausstellung gezeigte Installation *BlueGasEyes* aus demselben Jahr [s. S. 19] ist eine vielschichtige, assoziationsreiche Arbeit über den feurigen Blick, über Lebensenergie, Vergänglichkeit und Zerstörung. Die beiden blau flackernden, auf Salzflächen projizierten Flammenringe eines Gasherdes lassen sich aber auch als Anspielung auf die Gaskammern der Konzentrationslager deuten. Und wiederum kommt einem Celans *Todesfuge* in den

3] Vgl. James E. Young, Miroslaw Balka's Grave in the Sky, in: Ausst.-Kat. Topography Miroslaw Balka, Oxford (Modern Art Oxford) 2009, S. 177-184.

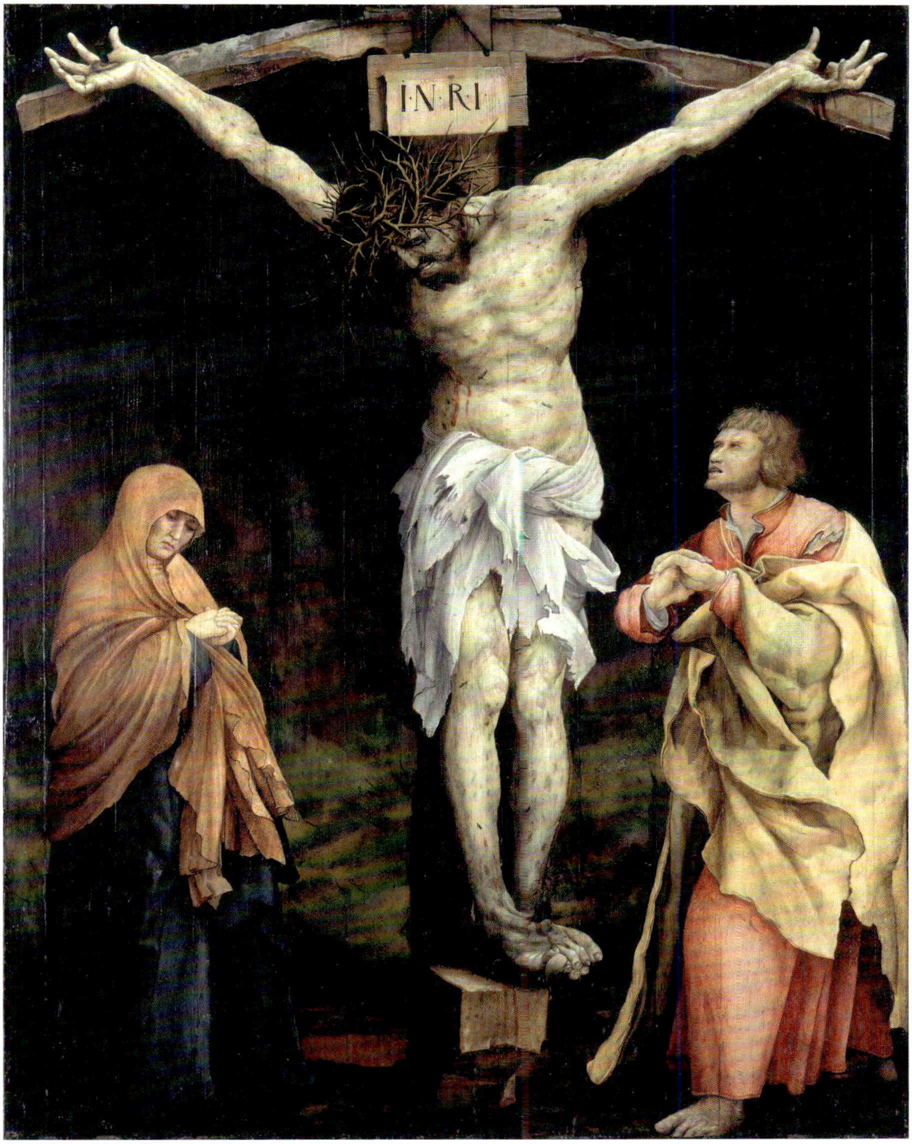

[2]

Matthias Grünewald
Christus am Kreuz zwischen Maria und Johannes
Tauberbischofsheimer Altar, um 1523–1525

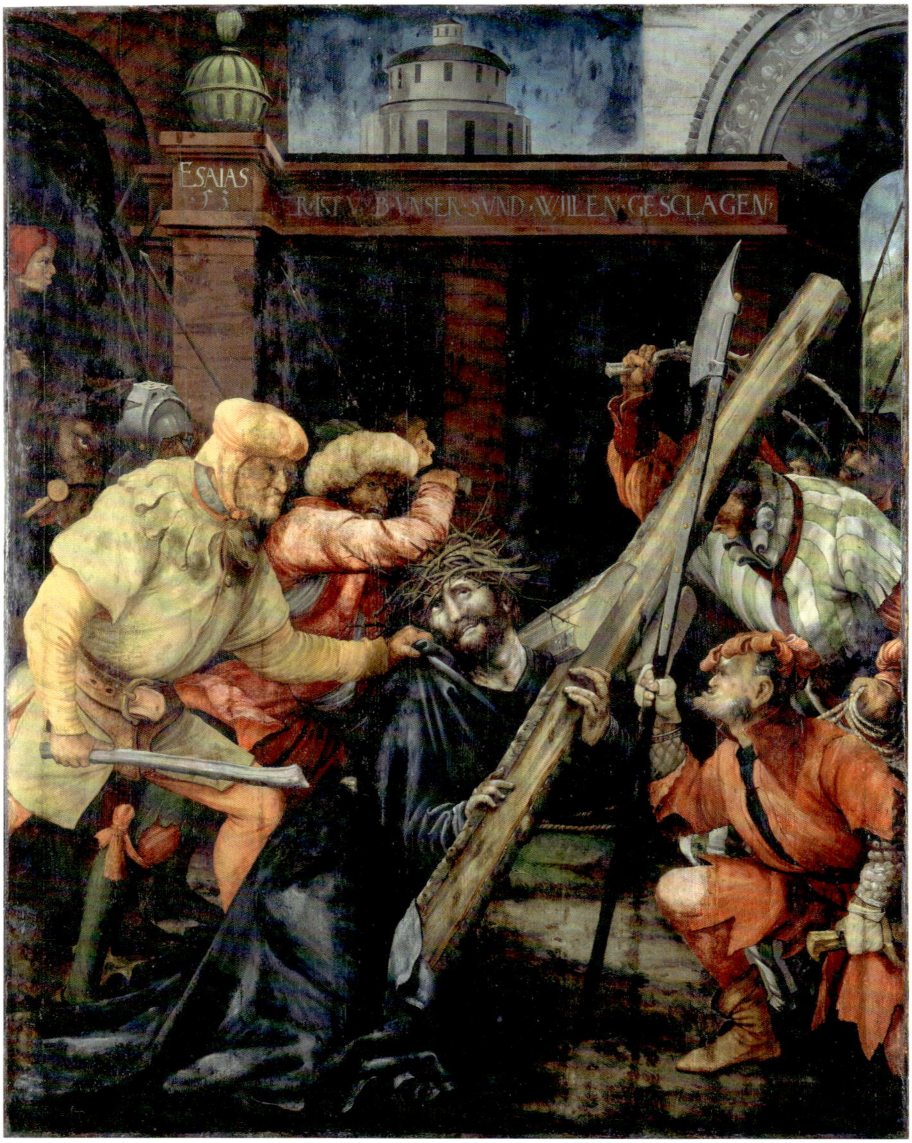

[3]

Matthias Grünewald
Der Fall Christi unter dem Kreuz
Tauberbischofsheimer Altar, um 1523–1525

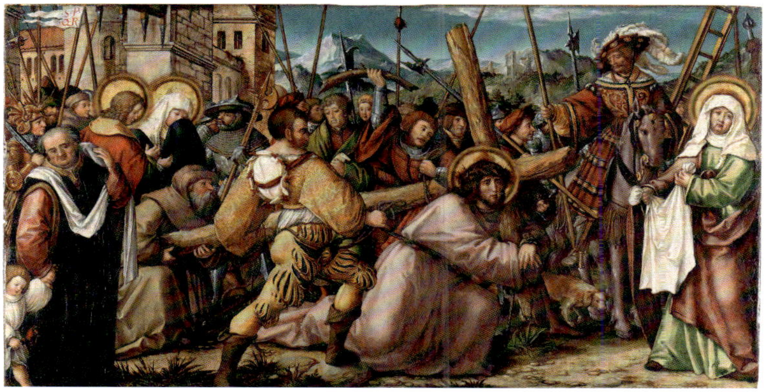

[4]

Hans Herbst(er), *Die Kreuztragung Christi*, 1514 oder 1515

Sinn: „der Tod ist ein Meister aus Deutschland sein Auge ist blau." Beide Werke, *T. Turn* und *BlueGasEyes*, waren 2006 in einer Düsseldorfer Ausstellung zu sehen, die – den Titel eines postum publizierten Gedichtbandes von Celan zitierend – *Lichtzwang* hieß.[4]

Auch für den Titel seiner großen Karlsruher Installation greift Balka auf Celan zurück: *Wir sehen dich* ist ein Gedicht aus Celans Lyrikband *Von Schwelle zu Schwelle*. Entstanden ist es im Dezember 1954, in demselben Jahr also, in dem der Dichter das Kölner Gabelkreuz sah. Vielleicht klingt dieses Erlebnis in der ersten Strophe nach: „Wir sehen dich, Himmel, wir sehn dich. / Pocke um Pocke / treibst du hervor, / Pustel um Pustel. / So mehrst du die Ewigkeit."[5] Der „Himmel" erinnert an die ans Pestkreuz genagelte und ebenfalls direkt angesprochene „Königsluft" im Gedicht *Bei den Zusammengetretenen*. Hier treibt der Himmel Pocken und Pusteln hervor, die man sich etwa so vorstellen mag wie die auf einem „crucifixus dolorosus" dargestellten Wund- und Geißelmale. Deren Ähnlichkeit mit Pestbeulen hat übrigens zu der verbreiteten, auch von Celan verwendeten Bezeichnung „Pestkreuz" geführt, die eigentlich irreführend ist, weil kein direkter Zusammenhang zwischen den Kruzifixen und der Pest zu belegen ist.

Man muss sich fragen, inwiefern Celans „Himmel" durch Seuchen und Krankheiten, deren Symptome Pocken und Pusteln sind, Ewigkeit mehrt. Sie bringen, wie zu vermuten ist, den Tod. Doch ist mit diesem die tröstliche Aussicht auf die Auferstehung und ein ewiges Leben verbunden? Die düstere zweite Strophe des Gedichts lässt diese Hoffnung als bittere Ironie erscheinen: „Wir sehen dich, Erde, wir sehn dich. / Seele um Seele / setzest du aus, / Schatten um Schatten. / So atmen die Brände der Zeit." Menschliche Seelen werden ausgesetzt, dem Schattenreich des Todes preisgegeben. Sie sind der Sauerstoff des atmenden Zeit- und Weltenbrandes.

4] Siehe hierzu Julian Heynen, Lichtwerk, in: Ausst.-Kat. Miroslaw Balka, Lichtzwang, Düsseldorf (K21, Kunstsammlung Nordrhein-Westfalen) 2006, S. 3-31.

5] Zitiert nach Celan 2003 (wie Anm. 2), S. 84.

Miroslaw Balka hat in einem Interview anlässlich der Krakauer Ausstellung *Winterreise* (2003) den hohen Stellenwert betont, den die Titel seiner Präsentationen haben: Seine Skulpturen, so Balka, wirkten oft nüchtern, unpersönlich, ausdruckslos, ja gefühllos. Die Titel gäben jedoch einen Hinweis auf den emotionalen Kontext, in dem die Werke stünden.[6] Der Gefühls- und Bedeutungszusammenhang, den der Titel *Wir sehen dich* bezeichnet, ist komplex und bei Celan vorgeprägt: Die Ergriffenheit bei der Betrachtung mittelalterlicher Passionskunst, die Frage nach der Existenz und dem Wesen Gottes, die Auseinandersetzung mit Grausamkeit und Leid, Gewalt und Tod.

6] Ausst.-Kat. Miroslaw Balka, Winterreise, Kraków (Galeria Starmach) 2003, S. 25.

Paul Celan hat verschiedentlich auf die Passion Christi Bezug genommen. So etwa im frühen, zwischen 1941 und 1944 entstandenen Gedicht *Dornenkranz*, das mit der Zeile „Laß von dem Purpur" beginnt und damit auf den purpurfarbenen Spott- und Königsmantel Christi anspielt.[7] Der Meister der Karlsruher Passion hat Christus auf seiner *Dornenkrönung* mit den Insignien seines gegen die Bosheit der Menschen machtlosen Königtums dargestellt: mit Krone, Mantel und Zepter [Abb. 5]. Die Worte „Allein sind alle Entblößten" aus demselben Gedicht lässt an den Bildtypus „Christus im Elend" denken.

7] Zitiert nach Celan 2003 (wie Anm. 2), S. 387; vgl. Amy D. Colin, Der Weg der Lyrik Celans, in: Literatur und Kritik 187/188 (1984), S. 340-351.

Das Gedicht *Tenebrae* von 1957, das Celan zu seinen wichtigsten zählte, rekurriert mit seinem Titel auf den biblischen Bericht vom Sterben Christi.[8] Bei Matthäus (27, 45) heißt es: „A sexta autem hora tenebrae factae sunt super universam terram usque ad horam nonam." („Von der sechsten Stunde an lag Finsternis über dem ganzen Land bis zur neunten Stunde"). Kein Künstler hat die hier beschriebene übernatürliche Dunkelheit mitten am Tag, dieses Trauerkleid des Himmels, so konsequent und ergreifend dargestellt wie Grünewald in seinen Kreuzigungsbildern – besonders in seinem letzten: dem heute in Karlsruhe bewahrten Gemälde *Christus am Kreuz zwischen Maria und Johannes* aus Tauberbischofsheim [Abb. 2]. Bis heute wirkt irritierend, wie düster Grünewalds Bild auch im übertragenen Sinne ist: Es zeigt den Karfreitag ohne die Perspektive des Ostersonntags. Die – vielleicht nur scheinbare – Hoffnungslosigkeit, die das Gemälde ausstrahlt, korrespondiert mit der Stimmung des *Tenebrae*-Gedichtes. Celan spielt mit den Worten „Es war Blut, es war, / was du vergossen, Herr" auf die Abendmahlsworte Christi an. Doch die mit diesen verbundene Verheißung ewigen Lebens sucht man im Gedicht vergebens. Bei Celan stiftet das Blut keinen neuen Bund zwischen Gott und den Menschen, sondern mündet in der deutlich blasphemischen, vom Chor der Opfer erhobenen Forderung: „Bete, Herr, / bete zu uns, / wir sind nah."

8] Vgl. Celan 2003 (wie Anm. 2), S. 97; John Felstiner, Paul Celan. Eine Biographie, München 1997, S. 140-145; Fred Lönker, Tenebrae, in: Jürgen Lehmann (Hg.), Kommentar zu Paul Celans „Sprachgitter", Heidelberg 2005, S. 187-195.

Die dunkle Grundierung verbindet das Werk Balkas mit demjenigen Celans. „For me art is more related to pain and conflicts. Happiness is not fruitful in terms of making art", so der Bildhauer in einem Interview 2007.[9] Bereits rund zehn Jahre zuvor hielt er fest: „I am always coming back to the subject of death."[10] Streng katholisch erzogen, hat Balka in seinem Frühwerk verschiedentlich Bezug auf Heilige, genauer gesagt: auf heilige Märtyrer genommen, so vor allem

9] Ausst.-Kat. Miroslaw Balka, Reflejos condicionados, Santander (Fundación Marcelino Botín) 2007, S. 113.

10] Each boy fears differently. Miroslaw Balka – Interview by Bożena Czubak, in: magazyn sztuki, art magazine 19 (1998), H. 3, S. 25.

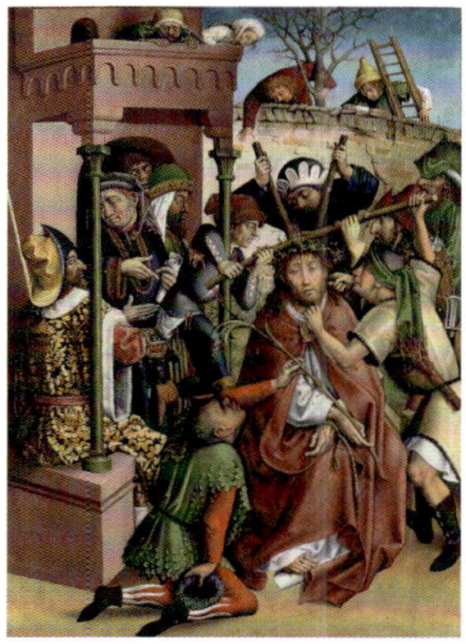

[5]

Meister der Karlsruher Passion
Die Dornenkrönung Christi, um 1450/55

auf den in Polen sehr verehrten, von Heiden erschlagenen St. Adalbert (Wojciech). „I was interested in the figures of martyrs with whose help I could express my own fears“, so Balka.[11] Doch war es keine gläubige Haltung im Sinne der Kirche, die ihn zur Identifikation mit den Heiligen veranlasste.[12] Ihn interessierten ganz allgemein Schuld, Opfer und Leiden. Das Video *Flagellare* von 2009, die symbolische Geißelung eines Betonfußbodens mit einem Ledergürtel, zeugt davon, wie sehr dieses Interesse bis heute anhält.[13]

Nicht nur die bedrückte, schwermütige Grundhaltung ist Balka und Celan gemeinsam. Auch in ihrer Vorstellung von Kunst sind sie sich nahe. Celan wandte sich gegen alle Formen beschreibender, erzählender oder romantisch überhöhender Lyrik. Nach dem Erleben der nationalsozialistischen Barbarei misstraute er dem Schönen. Doch waren es eben jene Erfahrungen, die er in den Mittelpunkt seines Dichtens rückte. Die Ablehnung realistischer Stilmittel bedeutete keine Abkehr von der Realität. Als man ihm vorhielt, seine Gedichte seien „hermetisch“ oder „kryptisch“, entgegnete Celan: „Glauben Sie mir – jedes Wort ist mit direktem Wirklichkeitsbezug geschrieben.“[14]

Nach figurativen Anfängen löste sich der Bildhauer Balka um 1990 von der Darstellung des menschlichen Körpers. Seine Skulpturen sind seither weitgehend abstrakt, aus einfachen Materialien und in klaren Formen gefertigt. Vielfach erinnern sie daher an Werke der Minimal Art. Doch Balka betont: „It is not abstraction that interests me but rather the past, history.“[15] Die ehemaligen Konzentrationslager auf polnischem Boden spielen dabei eine wichtige, jedoch keineswegs die einzige Rolle. Balkas Kunst ist politisch und philosophisch. Sie arbeitet mit Symbolen, und der Körper – obgleich nicht mehr plastisch wiedergegeben – bleibt die wichtigste Bezugsgröße und Erfahrungsgrundlage. Insofern hat Balka nichts zu tun mit dem Konzept einer „reinen“ Kunst, eines L'art pour l'art, gegen das sich Paul Celan so vehement aussprach. Die Worte des Bildhauers hätten auch die des Dichters sein können: „Every day I walk on the paths of the past.“[16]

11] Ebd., S. 21.

12] In Balkas Werk gibt es sogar blasphemische Züge, so etwa in der Installation „When you wet the bed“ von 1987, in der sexuelle und religiöse Motive kombiniert sind; vgl. Juan Vicente Aliaga, History, death and other bitter fruit. An interpretation of the work of Miroslaw Balka, in: Ausst.-Kat. Intensità in Europa, Prato (Museo Pecci) 1998, S. 25 (Abb.) und S. 35 (Text).

13] Vgl. Young 2009 (wie Anm. 3), S. 181.

14] Zitiert nach Wolfgang Emmerich, Paul Celan, Reinbek bei Hamburg 1999, S. 11.

15] Zitiert nach Juan Vicente Aliaga, The Thorn of Memory, in: Ausst.-Kat. Miroslaw Balka, Bon Voyage, Strasbourg (Musée d'Art moderne et contemporain) 2005, S. 26-50, hier: S. 30.

16] Zitiert nach Young 2009 (wie Anm. 3), S. 178

Mit seiner Karlsruher Installation *Wir sehen dich* veranlasst Miroslaw Balka zu einem besonderen Gang in die Geschichte und durch die Geschichte. Das „Gehen" steht daher am Anfang der folgenden Analyse, die auf einige erstaunliche Korrespondenzen, auf Parallelen und Kontraste zwischen der modernen Installation und den Werken der altdeutschen Kunst aufmerksam machen möchte. An das „Gehen" schließen sich als weitere Abschnitte das „Sehen" und das „Empfinden" an – ebenfalls zentrale Kategorien für die Meister des Spätmittelalters und für Balka. Sie ermöglichen einen Vergleich über die Jahrhunderte hinweg und liefern Ansätze für eine Deutung von Balkas künstlerischem Eingriff.

Gehen

Ein fast hundert Meter langer, mit festem Draht vergitterter und einigen Ausgängen versehener Stahlkorridor führt durch acht Säle der Staatlichen Kunsthalle Karlsruhe und mündet schließlich in sich selbst. Es sind die Räume der altdeutschen, durch christliche Motive dominierten Kunst.[17] Kann man sich eigentlich größere Gegensätze denken als die Installation Balkas und die Gemälde aus Spätmittelalter und Renaissance? Die leuchtenden Farben der Maler von einst, die unfarbigen Materialien des Bildhauers von heute; die Überfülle an Figuren hier, die Abstraktion dort; die affektgeladene Expression auf der einen, die kühle Ausdruckslosigkeit auf der anderen Seite; der Drang und die Lust zu erzählen bei den Alten, das stumme Verweigern von Narration bei Balka. Und doch: Balka sucht nicht die Konfrontation, vielmehr möchte er – bei aller Distanz – Verbindungen und Zugänge schaffen. Zwar macht er auf die Fremdheit der rund 500 Jahre alten Werke aufmerksam, doch vor allem stellt er Bezüge her.

17] Zu den Werken altdeutscher Meister vgl. die folgenden Bestands- und Ausstellungskataloge der Staatlichen Kunsthalle Karlsruhe: Katalog Alte Meister bis 1800, bearbeitet von Jan Lauts, 2 Bände, Karlsruhe 1966; Ines Dresel/Dietmar Lüdke/Horst Vey, Christus und Maria. Auslegungen christlicher Gemälde der Spätgotik und der Frührenaissance aus der Karlsruher Kunsthalle, Karlsruhe 1992; Die Karlsruher Passion. Ein Hauptwerk Straßburger Malerei der Spätgotik, Ostfildern-Ruit 1996; Spätmittelalter am Oberrhein. Maler und Werkstätten 1450–1525, Stuttgart 2001; Grünewald und seine Zeit, München 2007.

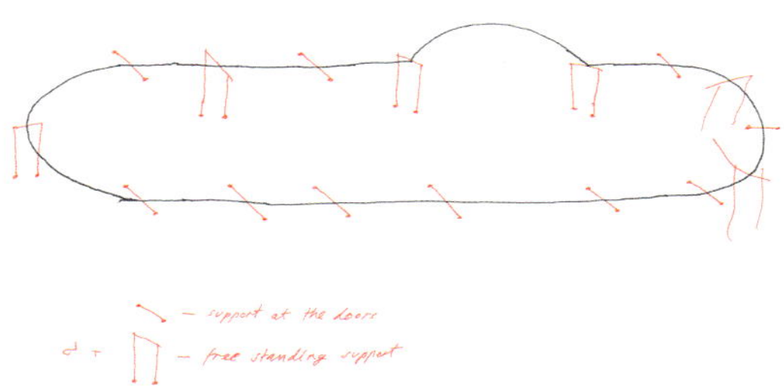

[6a]

Miroslaw Balka, *o. T.* (Entwurf für eine Installation unter dem Titel *Karlsruher Passion*), 2009, Filzschreiber auf Papier

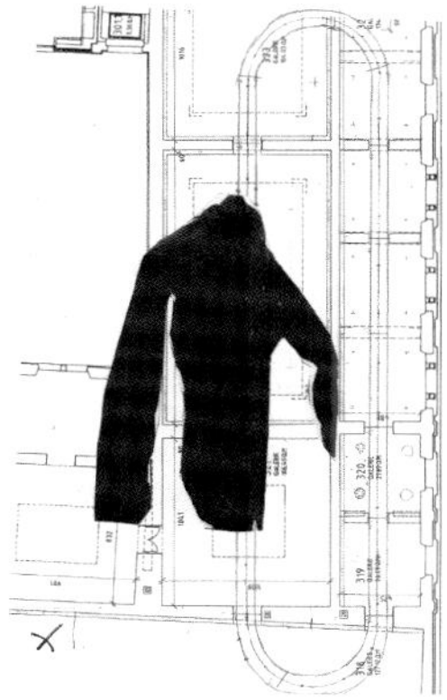

[6b]

Miroslaw Balka, *o. T.* (Entwurf für eine Installation unter dem Titel *Karlsruher Passion*), 2009, Collage

Der erste Entwurf Balkas für seine Karlsruher Ausstellung ist in dieser Hinsicht aufschlussreich [Abb. 6a/b]: Vorgesehen war ein langes rotierendes, mit Motorkraft betriebenes und von Stützen gehaltenes Stahlseil. Dieses sollte von Karlsruher Bürgern gestiftete und auf Haken gehängte Kleidungsstücke durch die Ausstellungsräume der altdeutschen Meister transportieren. Dieses Projekt setzte auf verschiedene, sehr bedeutungsvolle Symbole: Die Installation als Ganzes wirkt durch ihre Kranzform und die markanten Haken wie eine monumentale Dornenkrone. Das langsame, etwas mühsame Kreisen kann als Anspielung auf den Kreuzweg Christi verstanden werden. In diese Richtung weisen auch die Kleider (Bezug zur *Entkleidung* Christi auf Golgatha) und die Zahl der Haken (33 im Hinblick auf die Lebensjahre Christi). Ein besonders starkes bildhaftes Zeichen dieses Entwurfs stellt der für den größten Ausstellungssaal geplante Regenbogen dar: ein altes Symbol für den Bund Gottes mit den Menschen, aber auch Omen des Jüngsten Gerichts.

Balkas zweiter, zur Ausführung gelangter Entwurf ist strenger und verzichtet weitgehend auf Symbolik. Das kinetische Element erfährt eine raffinierte Verwandlung: Nicht mehr ein Stahlseil, also das Werk selbst, bewegt sich, sondern die ganze Aufmerksamkeit liegt nun auf der Bewegung der Besucher. Ihr Gang durch die einzelnen Säle wird gesteuert, kanalisiert, eingeengt – und gerade dadurch bewusst gemacht. Die Verknüpfung der Ausstellungsräume und das Prozesshafte der Installation sind in den beiden Plänen verwandt. Doch erst im zweiten Entwurf werden die Besucher gleichsam zur „imitatio", das heißt: zur einfühlenden Nachahmung Christi veranlasst, ja geradezu genötigt. Sie begeben sich in die „Gefangenschaft" des Gittergangs und dann auf den Passionsweg. Die acht Auslässe – so könnte man es verstehen – werden zu „Stationen" dieser „via dolorosa".

Der Weg zum Kreuz – die Gefangennahme, die vielfältigen Peinigungen und schließlich der Tod Christi – gehört zu den wichtigsten Themen spätmittelalterlicher

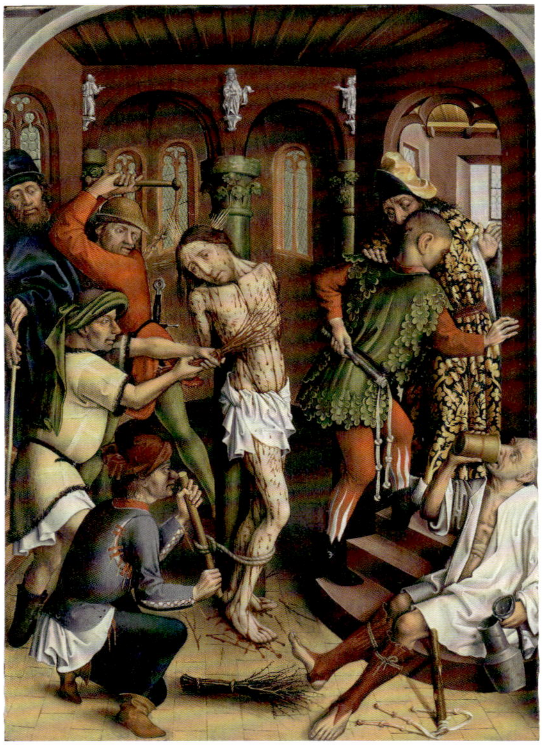

[7]

Meister der Karlsruher Passion
Die Geißelung Christi
um 1450/55

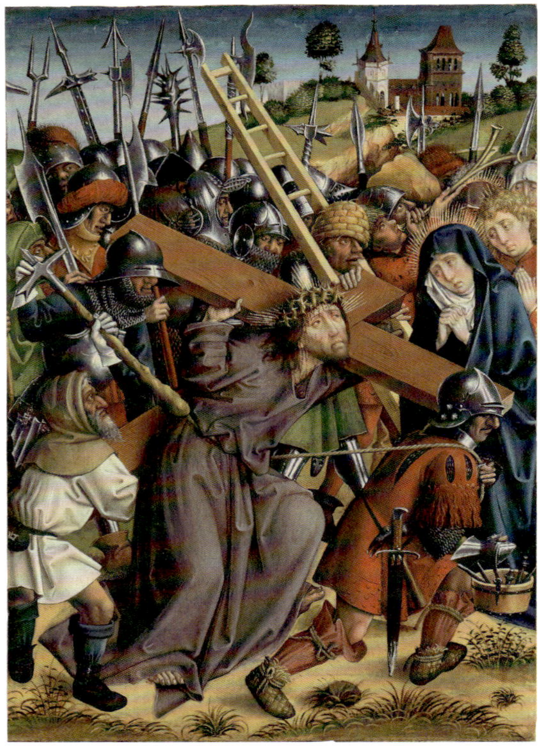

[8]

Meister der Karlsruher Passion
Die Kreuztragung Christi
um 1450/55

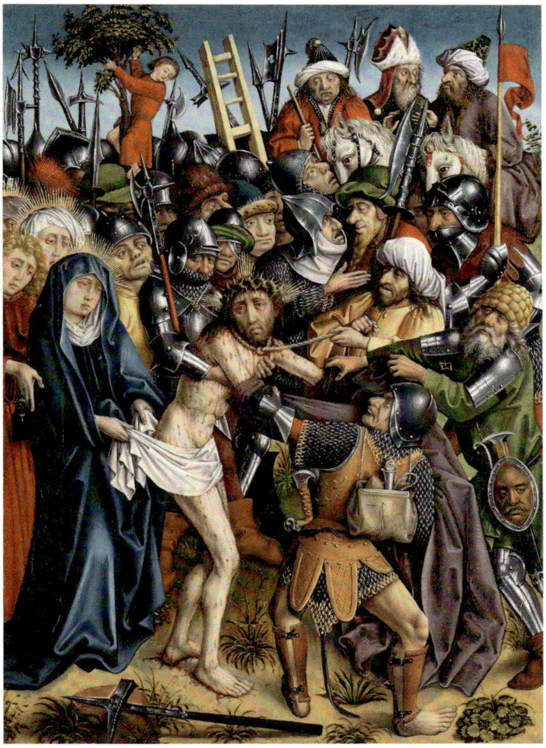

[9]

Meister der Karlsruher Passion
Die Entkleidung Christi
um 1450/55

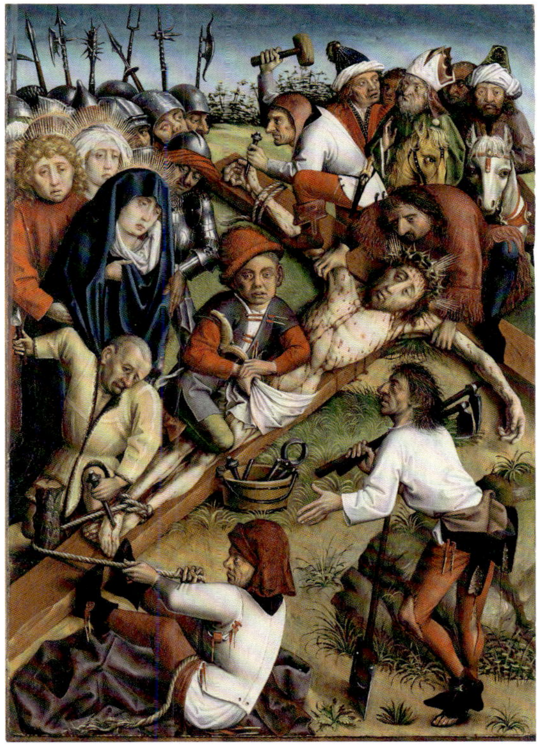

[10]

Meister der Karlsruher Passion
Die Kreuzannagelung Christi
um 1450/55

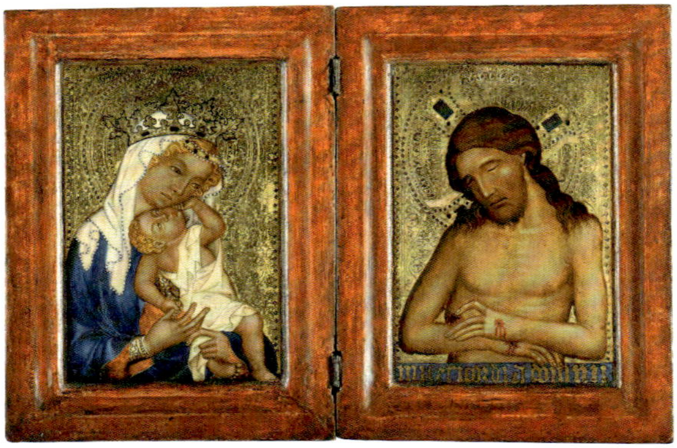

[11]

Böhmischer Meister, Diptychon: *Maria mit dem Kinde und Christus als Schmerzensmann*, um 1360

und frühneuzeitlicher Kunst. Dass sich Balka auf solche Werke bezieht, erstaunt kaum, denn schon 1998 hob er in einem Interview hervor: „Religious themes were always dear to me. [...] My suffering is hidden somewhere in these figures of the saints [...].“ Und weiter: „I have a deep consciousness of mortality, of the passing of life and the approach of death.“18]

Christus ist der exemplarisch Leidende und Sterbende – so haben ihn die großen Künstler der Spätgotik dargestellt, besonders eindringlich der Meister der Karlsruher Passion. Dieser namentlich nicht sicher zu identifizierende, um 1450 in Straßburg arbeitende Maler zeigt in seiner – heute großenteils in Karlsruhe bewahrten – Passionsfolge das Gebet Christi am Ölberg mit den nahenden Häschern, die nächtliche Gefangennahme, darauf den langen Weg nach Golgatha: die Geißelung [Abb. 7], die Dornenkrönung [Abb. 5], die Kreuztragung [Abb. 8], die Entkleidung [Abb. 9] und die Kreuzannagelung [Abb. 10]. Mit außergewöhnlichem Naturalismus, unvergleichlicher Erfindungsgabe, mit großer Anteilnahme und Drastik hat er die einzelnen Szenen geschildert. Der gefesselte Christus wird gestoßen und gezogen. In den dicht gedrängten Kompositionen türmen sich hinter ihm Soldaten und Waffen. Er hat keine Bewegungsfreiheit, seine Situation ist ausweglos. In ähnlicher Bedrängnis stellen ihn noch die Maler des frühen 16. Jahrhunderts dar, so etwa Hans Herbster [Abb. 4] und Matthias Grünewald [Abb. 3] in ihren Kreuztragungsbildern.

In der Tat steht Christi Schicksal seit seiner Geburt fest. Ein böhmischer Meister zeigt in seinem um 1360 entstandenen Diptychon [Abb. 11] Anfang und Ende seines Lebens, mehr noch: Er bezieht beides aufeinander. Der neugeborene Gottessohn wird als Schmerzensmann enden. Die ernste Mutter weiß um diese Bestimmung. Hans Baldung Grien gibt seiner *Geburt Christi* [Abb. 12] rund 180 Jahre später eine ähnliche Bedeutung: Zwei Putti halten das bleiche Kleinkind in der Art einer Engelpietà und nehmen damit Beweinung und Grablegung vorweg. Christus ist geboren, um zu sterben; die Windel ist bereits sein Leichentuch.

18] Zitiert nach: Each boy fears differently, 1998 (wie Anm. 10), S. 19, 21, 25.

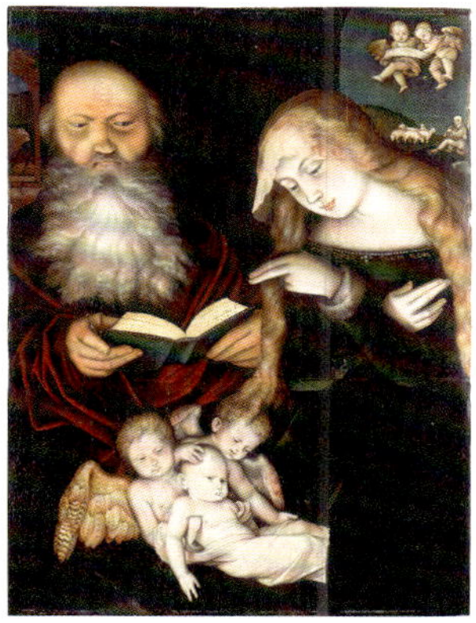

[12]

Hans Baldung, gen. Grien
Die Geburt Christi, 1539

Der enge und ziemlich niedrige Gang Balkas lässt etwas von der Ausweglosigkeit der Passion und der Vorherbestimmtheit des Lebensweges Christi spüren und nachvollziehen. Freilich ist mit dem Tod auf Erden keineswegs das Ende der christlichen Heilsgeschichte erreicht: Christus, der Auferstandene, ist Garant des ewigen Lebens. Aus Balkas Installation, die in sich selbst mündet, kann man ein solches Versprechen nicht ableiten. In einer Arbeit von 2007, die sich auf Raymond Moodys berühmt gewordenes Buch *Life after life* bezieht, gibt der Bildhauer eine pessimistische Prognose: Er lässt den Besucher in einen düsteren Korridor treten, in dem eine einzelne Glühbirne brennt.[19] Doch bei weiterer Annäherung erlischt sie. Das Leben nach dem Tod: eine Illusion? Unser irdisches Dasein und unser Sterben sind Wege ins Ungewisse.

19] Der Titel der Arbeit lautet: „196 x 230 x 141"; vgl. Ausst.-Kat. Santander 2007 (wie Anm.9), S. 86-89 (Abb.) und S. 122 (Interview).

Sehen

Menschen kommen in ein Museum, um zu betrachten. In einer Abteilung spätmittelalterlicher Kunst sind es überwiegend Bilder mit religiösen Motiven, die sich ihrem Blick darbieten. Unter diesen nehmen Darstellungen Christi – seiner Geburt und seiner Kindheit, seines Wirkens und Lehrens, Leidens und Sterbens – einen herausgehobenen Platz ein. Durch die Wahl des Ausstellungstitels *Wir sehen dich* legt Balka einen besonderen Akzent auf diese anschauliche Beziehung zwischen den Besuchern und dem in Bildern repräsentierten Gottessohn. Gleichwohl ist es gerade die Behinderung des Sehens, die beim Betreten von Balkas Karlsruher Korridor zuerst auffällt: Der Gang hält uns auf Distanz zu den Werken, darüber hinaus beeinträchtigt das kräftige Gitter die Wahrnehmung. Nur durch die Auslässe oder „Schleusen", die sich in jedem Saal befinden, ist der direkte Zugang zu den Werken möglich.

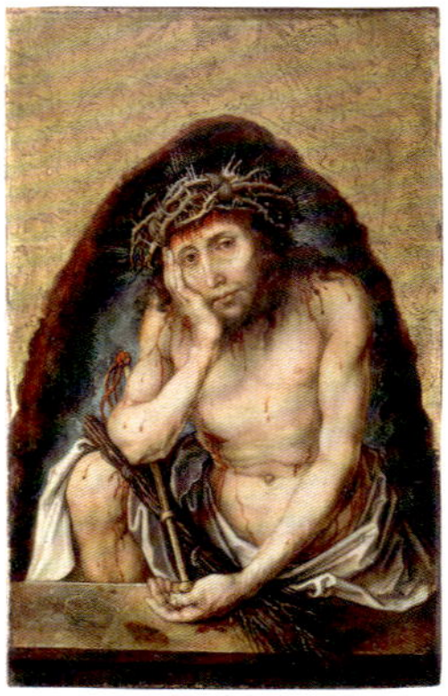

[13]

Albrecht Dürer
Christus als Schmerzensmann, um 1492/93

Der räumliche Abstand, den Balka erzwingt, ist auch als zeitlicher zu verstehen: Mehr als ein halbes Jahrtausend liegt zwischen den Betrachtern und den Bildern. Das macht es uns heute schwer, die Werke – auch wenn wir sie von Nahem sehen – unmittelbar zu verstehen. Wir haben uns von den Glaubensvorstellungen um 1500 weit entfernt und müssen uns den Zugang erst mühsam erarbeiten. Eine zweifellos wesentliche Differenz besteht darin, dass die Blickbeziehung zu Christus im Mittelalter nicht einseitig, sondern wechselseitig wahrgenommen wurde. Der Titel *Wir sehen dich* wäre nach dieser Auffassung zu ergänzen: „und du siehst uns". Einige Beispiele mögen dies verdeutlichen:

In der Entkleidungsszene der Karlsruher Passion [Abb. 9] ist der Kopf Christi nicht ohne Grund dem Betrachter zugewandt: Der klaglos Duldende ruft den Gläubigen stumm und mit nach innen gekehrtem Blick dazu auf, Reue für seine Sünden zu zeigen. Es ist ein Appell zu moralischer Umkehr. Albrecht Dürer hat es in seinem ergreifenden frühen, um 1493 entstandenen Gemälde *Christus als Schmerzensmann* [Abb. 13] auf den direkten Blickkontakt abgesehen. Christus, versehen mit den Wundmalen der Kreuzigung und Marterwerkzeugen seiner Passion (Dornenkrone, Geißel, Rutenbündel), ist tot und lebend, Mensch und Gott zugleich. Er richtet sich in seinem Sarkophag auf, stützt den Kopf melancholisch auf die rechte Hand und schaut den Andächtigen aus großen Augen an. In seiner „kleinen" Holzschnittpassion von 1511 hat Dürer dem Schmerzensmann des Titelblattes lateinische Verse seines Freundes Benedictus Chelidonius, eines gelehrten Nürnberger Mönches, beigegeben. Chelidonius lässt Christus, hier ins Deutsche übersetzt, sagen: „Du bist, o Mensch, die Ursache meiner großen Schmerzen, die grausame Ursache meines Kreuzes und Todes. O Mensch, es sei genug, dass ich dies einmal um deinetwillen ertragen habe. Lass ab, mich mit neuen Sünden zu kreuzigen."[20] Es ist die Vorstellung der fortdauernden, bis in die Jetztzeit reichenden Passion, die hier auf prägnante Weise formuliert ist. Wenn heutige Betrachter Dürers leidenden Christus an-

20] Zitiert nach Dresel/Lüdke/Vey 1992 (wie Anm. 17), S. 24f.

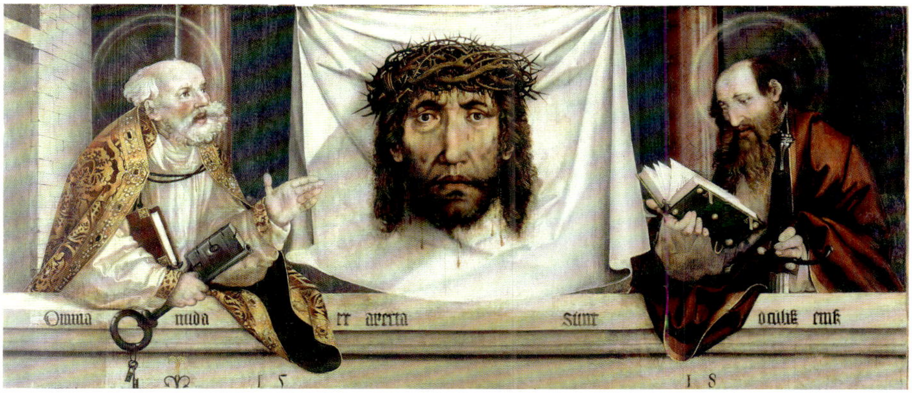

[14]

Martin Schaffner
Petrus und Paulus mit dem Schweißtuch der Veronika, 1518

sehen, so erleben sie ihn stumm. Sie hören den Appell des Schmerzensmannes nicht. Man sollte sich klarmachen, dass mittelalterliche Passionskunst keine Historienmalerei ist, denn sie schildert nicht eigentlich Vergangenes, Abgeschlossenes. Das dargestellte Geschehen ist aktuell, und die heiligen Personen sind als Zeitgenossen aufgefasst. Sie werden im Bild repräsentiert, das heißt: vergegenwärtigt.

Wir sehen dich – und du siehst uns: Diese Wechselbeziehung ist besonders eindrucksvoll aufzuzeigen an Martin Schaffners Gemälde *Petrus und Paulus mit dem Schweißtuch der Veronika* von 1518 [Abb. 14]. Zentrales Motiv des großen Tafelbildes ist das „Schweißtuch der Veronika", eine der kostbaren Reliquien des Petersdoms in Rom. Die Apostelfürsten Petrus und Paulus präsentieren das Tuch mit dem „wahren Antlitz" Christi auf einem Balkon, wie bei einer öffentlichen Heiltumsweisung. Doch zu sehen ist mehr als der bloße Abdruck des Gesichtes. Der Kopf ist außerordentlich plastisch und lebensecht gestaltet, er scheint vor dem Tuch zu schweben, wirft sogar einen Schatten auf dieses. Er ist, auch im Vergleich zu den Aposteln, überlebensgroß und fixiert den Betrachter mit eindringlichem Blick. Darunter liest man Worte aus dem Hebräerbrief (4, 13): „[et non est ulla creatura invisibilis in conspectu eius,] omnia nuda et aperta sunt oculis eius" – und keine Kreatur ist vor ihm unsichtbar, alles liegt nackt und aufgedeckt vor seinen Augen. Es ist der Blick des Weltenrichters, dem wir begegnen.

Der Mystiker Heinrich Seuse erwartete von Bildern, sie sollten sich beim Betrachten „durch unsere Augen in die Seele drücken".[21] Gerade das fällt heutzutage schwer, ist doch der religiöse Kontext, in dem die Bilder entstanden, kaum noch vertraut. Im Museum fehlt ihnen die Einbindung in den christlichen Kult, sie werden als Kunstwerke wahrgenommen. Insofern haben sich viele Gitter zwischen die Bilder und uns geschoben. Auch Paul Celan empfand schmerzlich die Schwierigkeit einer „Begegnung" zwischen Werk und Rezipient, Gedicht

21] Wörtlich: „dúr únsrú ogen in die sele truken", zitiert nach: Michael Philipp, Das Bild des Glaubens: Kunst und Religion im späten Mittelalter, in: Ausst.-Kat. Zwischen Himmel und Hölle. Kunst des Mittelalters von der Gotik bis Baldung Grien, München 2009, S. 15.

und Leser, Autor und Publikum: „Ich stehe auf einer anderen Raum- und Zeitebene als mein Leser; er kann mich nur ‚entfernt' verstehen, er kann mich nicht in den Griff bekommen, immer greift er nur die Gitterstäbe zwischen uns."[22]

22] Zitiert nach Emmerich 1999 (wie Anm. 14), S. 8.

Empfinden

Balkas Korridor durch die Altdeutsche Abteilung der Karlsruher Kunsthalle hat in jedem der acht Säle einen Ausgang, der die Annäherung an die ausgestellten Werke und den anschließenden Wiedereintritt in den Gang ermöglicht. Oberhalb dieser Aus- und Einlässe befinden sich Ventilatoren, die in Betrieb gehen, sobald sich Besucher nähern. Ein ähnliches Konzept verwirklichte der Künstler 2007 in seiner Installation *Cruzamento* (Kreuzung) in Rio de Janeiro. Wie diese Arbeit zu deuten ist, darauf gibt der Katalog der Londoner Ausstellung *How it is* (2009) einen Hinweis: Balka hat hier eine Fotografie der *Cruzamento*-Installation – höchst beziehungsvoll – mit der Reproduktion eines Gemäldes von El Greco kombiniert [Abb. 15].[23] Dieses Bild, das – als Sensation bestaunt – erst seit 2004 im Diözesanmuseum Siedlce unweit von Warschau ausgestellt ist, zeigt *Die Verzückung des hl. Franz von Assisi*. Zu sehen ist eine wohl nächtliche Situation. Der Heilige, von fahlem Licht beschienen und von hellen, seine innere Erregung zum Ausdruck bringenden Wolkenfetzen umgeben, richtet den Blick zum Himmel. Grund seiner Ekstase ist der Kontakt zu Gott, dessen Botschaft er mit ausgebreiteten Armen zu empfangen scheint. An seiner rechten Hand ist ein Stigma, ein an Christi Kreuzigung gemahnendes Wundmal, zu erkennen. Ein Totenkopf weist auf die Vergänglichkeit irdischen Lebens hin, doch Franz von Assisi lenkt die Aufmerksamkeit auf das für Ewigkeit stehende Jenseits.

23] Ausst.-Kat. Miroslaw Balka, How it is, London 2009, S. 64f.; vgl. Izabella Galicka und Hanna Sygietynska, Ein unbekannter Heiliger Franziskus in Ekstase des El Greco in Polen, in: artibus et historiae Nr. 54 (2006), S. 147-160.

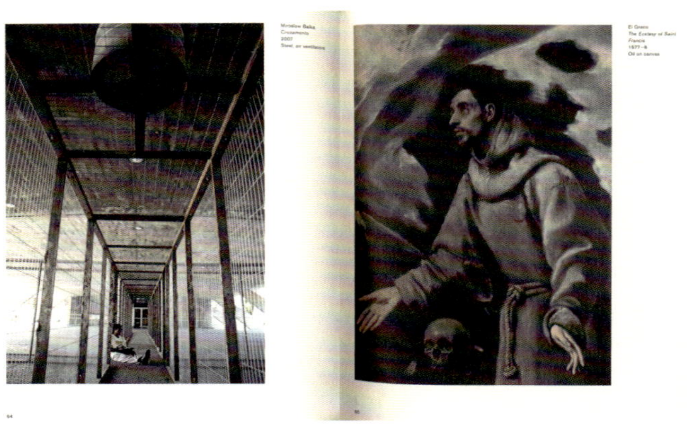

[15]

Doppelseite aus dem Ausstellungskatalog *Miroslaw Balka, How it is*, Tate Gallery London 2009
links: Miroslaw Balka, *Cruzamento*, 2007, Rio de Janeiro
rechts: El Greco, *Die Verzückung des heiligen Franziskus*, um 1578/80

Die kreuzförmige Installation *Cruzamento* trägt religiöse Züge: Die Ventilatoren können als Symbole himmlischer Offenbarung verstanden werden. Menschen, die sich „ins“ Kreuz begeben, werden vom Wind ergriffen, in dem eine höhere Macht, in dem Gott steckt: „Denn siehe, er ist's, der die Berge macht, den Wind schafft und zeigt den Menschen, was er im Sinn hat“ (Amos 4, 13). In der Bibel greift Gott vielfach mit Hilfe des Windes in das Weltgeschehen ein: Er bläst mit Wind die Sintflut weg (1. Mose 8, 1), vertreibt mit Wind die schädlichen Heuschrecken (2. Mose 10, 19), lässt durch Wind Israels Feinde untergehen (2. Mose 15, 10). Der Wind ist Wohltat und Strafe: Dem zu See fliehenden Jona schickt Gott Sturm (Jona 1, 4). Im Neuen Testament erscheint auch Christus als Gebieter über den Wind (Matthäus 8, 27 und Markus 4, 41).

Das äußere Ergriffensein und die innere Ergriffenheit durch göttlichen Wind sind wohl selten so schön und feinfühlig dargestellt worden wie von Grünewald. Auf einer der beiden Karlsruher Grisaillen vom sogenannten Heller-Altar ist eine junge, nicht eindeutig zu benennende Heilige zu sehen [Abb. 16]. Ihr langes offenes Haar kennzeichnet sie als Jungfrau, der Palmzweig in der Rechten weist sie als Märtyrerin aus. Der bodenlange, pelzverbrämte Rock und das darübergelegte reich plissierte Gewand entsprechen der vornehmen Mode des frühen 16. Jahrhunderts: Der Maler begreift die Heilige als Zeitgenossin. Mit zartesten Abstufungen von Hell- bis Dunkelgrau hat Grünewald die beleuchteten und verschatteten Partien in den Stofffalten, auf dem mit Heilkräutern bewachsenen Boden und in der sanft geschwungenen Nische differenziert. So wie das Licht, so kommt auch der Wind von links: Er ist in das Haar der jungen Frau gefahren, lässt die lockigen Strähnen nach rechts aufwehen. Sowohl die plötzliche Bö als auch der Sonnenschein mögen die Ursachen dafür sein, dass die Heilige ihren Kopf abwendet und die Augen halb schließt. Gleichzeitig lächelt sie beseelt, denn Wind und Licht kommen von Gott. Sie geben ihr die Gewissheit, dass das Martyrium mit ewigem Leben belohnt wird. Der Palmzweig, das antike Triumphzeichen, steht nicht für den Tod, sondern für dessen Überwindung.

Mit den Ventilatoren setzt Miroslaw Balka Zäsuren im Rundlauf seines vergitterten Korridors. Man mag dabei an Stationen des Kreuzwegs oder an die großen Vaterunser-Perlen im Rosenkranz denken. Wie dem auch sei: Jeder Besucher wird von diesen „Luftduschen“ körperlich erfasst und – idealerweise – auch geistig aufgerüttelt. Balkas Konzept erinnert an Arbeiten des amerikanischen Künstlers Bruce Nauman, der mit seinen Installationen verschiedene Sinne aktiviert: Seine Werke sind häufig nicht nur sichtbar, sondern hörbar, spürbar, erlebbar. In seinen frühen „corridor-pieces“ hat er mitunter auch schon Ventilatoren eingesetzt.[24] Bei Balka allerdings ist der Kontext ein anderer, und dieser bestimmt entscheidend den Sinngehalt des Werks: Man geht, sieht und fühlt in der Umgebung spätmittelalterlich-frühneuzeitlicher Kunst. Und man begreift: Diese Bilder sind nicht nur einem großen Schaubedürfnis entsprungen. Ihr Zweck war es, zum Mitfühlen anzuregen. Es ging darum, bei der Betrachtung

24] Vgl. Joan Simon (Hg.), Bruce Nauman. Exhibition Catalogue and Catalogue Raisonné, Minneapolis/Basel 1994, S. 245-263 und S. 333, Nr. 194a: „Wall with Two Fans“, 1970.

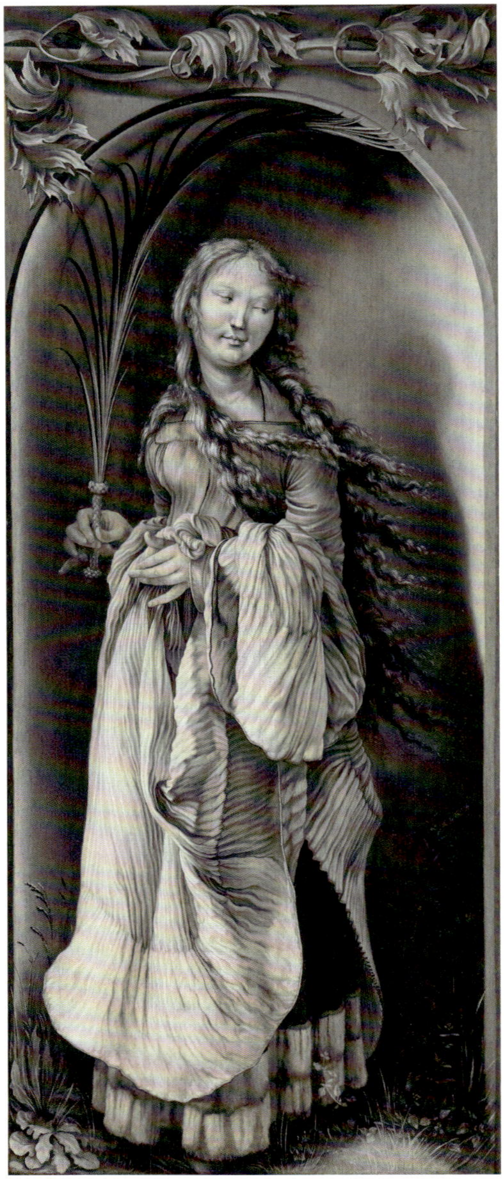

[16]

Matthias Grünewald
Eine unbekannte Märtyrerin,
um 1509/1511

die Passion Christi und die Martyrien der Heiligen mitzuerleiden, sich mit den Freuden und Schmerzen Marias zu identifizieren. Die Begegnung mit Gott sollte nicht nur eine visuell-geistige sein, sondern durch nachempfindende Anteilnahme und tiefe Ergriffenheit den ganzen Körper erfassen. Texte aus dem späten Mittelalter belegen, dass diese Einfühlung sehr weit ging. So berichtet Heinrich Seuse von dem großen Mitleid, das seine eigene Mutter vor einer geschnitzten Kreuzigungsgruppe im Konstanzer Münster überkam. Sie habe sich dermaßen in den großen Schmerz Marias versenkt, dass ihr Herz im Leib erschüttert wurde und sie ohnmächtig zur Erde niedersank.[25]

Die religiöse Kunst des späten Mittelalters ist seit dem 16. Jahrhundert von Künstlern sehr unterschiedlich wahrgenommen und bewertet worden: In der Zeit der Renaissance wirkte sie zwar vielfältig nach, gleichzeitig wurde sie aber auch kritisch beurteilt. In Barock, Rokoko und Klassizismus sank sie zur Bedeutungslosigkeit herab. Erst die Romantik entdeckte sie neu. Viele Maler sehnten sich nun nach einer tiefen, von keinem Zweifel angekränkelten Religiosität und bewunderten die mittelalterliche Kunst als authentischen Ausdruck eines solchen, vollkommen festen Glaubens. Nach den Erfahrungen des Ersten Weltkriegs erblickten expressionistische Künstler in den leidgeprägten, mitunter drastischen Bildern des ausgehenden Mittelalters einen fernen Spiegel des eigenen Elends und der eigenen zerrissenen Zeit. Auch formal lehnte man sich an die im Hinblick auf Perspektive, Anatomie und andere naturalistische Darstellungsmittel noch unregulierte Kunst der Spätgotik an. Es ist offensichtlich, dass man Miroslaw Balkas Installation *Wir sehen dich* nicht ohne Weiteres in die hier skizzierte Rezeptionsgeschichte mittelalterlicher Kunst einordnen kann. Balka geht es nicht in erster Linie um das Aufgreifen von Motiven und deren Verwandlung im eigenen Werk, noch weniger um die Adaption eines Stils. Er schickt uns auf den Kreuzweg, lässt uns durch Gitterstäbe sehen und gibt uns durch Wind eine Ahnung von göttlicher Nähe. Dadurch regt er zum Nachdenken über unser heutiges Verhältnis zu dieser rund 500 Jahre alten Kunst an. Er setzt die Reflexion der Besucher in Gang und wirft Fragen auf: Was erwartet uns nach dem Tod? Hat Leiden einen Sinn? Beobachtet uns Gott? Balka gibt keine Antworten: „My art is always on the side of doubt".[26] Doch gibt es Indizien für Zuversicht, beispielsweise den Regenbogen in Balkas erstem Entwurf für seine Karlsruher Installation. In der monumentalen Arbeit *How it is* für das Londoner Museum Tate Modern lässt Balka die Besucher über eine Rampe in einen tiefschwarzen Container gehen. Dieser scheint für den Tod, das Schattenreich des Hades, zu stehen, kann aber auch als rettende Arche Noah begriffen werden. Wenn sich der Besucher im Container umdreht, so blickt er ins Licht. Es gilt, was Balka 2007 in einem Interview äußerte: „By showing the dark side of things I am also willing to believe there's some hope."[27]

25] Wörtlich: dass „ir herz neiswi erkrachete enpfintlich in ir libe, daz si von amaht nider seig an die erde und weder sah noh sprach", zitiert nach Philipp 2009 (wie Anm. 21), S. 15.

26] Zitiert nach Ausst.-Kat. Strasbourg 2005 (wie Anm. 15), Umschlag-Rückseite.

27] Ausst.-Kat. Santander 2007 (wie Anm. 9), S. 127.

Regine Heß

The Body in a Box
Der bedrängte Körper in der Kunst

Du siehst uns nicht – Wir sehen dich

Als der Kardinal Paolo Emilio Sfondrato (1560–1618) am 20. Oktober 1599 die Grabkammer der heiligen Cäcilie unter der Kirche Santa Cecilia im römischen Trastevere öffnen ließ, vermerkte Antonio Bosio, Chronist und Katakombenkenner, in seiner Schrift *Historia passionis beatae Ceciliae* (1660): „In diesem Kasten befand sich der Körper der gesegneten Jungfrau Cecilia, bedeckt mit einem dunklen Seidentuch, und unter diesem Tuch leuchteten die goldenen Kleider hervor, befleckt mit dem jungfräulichen Blut [...]. Der Körper lag auf der rechten Seite, die Beine leicht angezogen, und die Arme nach vorne ausgestreckt, den Kopf zur Seite, das Gesicht nach unten, als würde sie schlafen, womöglich in derselben Position, in der sie die drei Hiebe empfing, wonach sie drei Tage überlebte. Der berühmte Kardinal Sfondrato hat ein Ebenbild in Marmor anfertigen lassen, das diesen liegenden Körper nachbildet.“[1] Ganz Rom nahm an dem Ereignis teil. Die sterblichen Reste der Märtyrerin waren 821 n. Chr. von Papst Paschal I. aus der Katakombe des San Callisto an der Via Appia geborgen worden, wo sie zwischen 222 und 230 n. Chr. gemeinsam mit anderen Märtyrern von Papst Urban I. beerdigt worden war. Nun sollte sie in den Neubau der Kirche überführt werden, den Kardinal Sfondrato an der Stelle der alten Kirche aus dem 9. Jahrhundert errichtet hatte. Er beauftragte den jungen Bildhauer Stefano Maderno mit der Skulptur der toten Cäcilie, die nach dem legendären Leichenfund gefertigt wurde. Im Jahr 1600 wurde sie in eine reich geschmückte Nische im Hochaltar über den Reliquien der Heiligen gelegt, wo sie noch heute das Zentrum der Verehrung bildet [Abb. 1].

Wir sehen dich – den Titel der Ausstellung von Miroslaw Balka (*1958) in der Sammlung spätmittelalterlicher Kunst in der Kunsthalle Karlsruhe bilden zwei Pronomen und ein Verb. Wer ist „wir“? Wer ist das Gegenüber, das „Du“? Wir, das Publikum, du, der Heilige und sein gemalter oder skulptierter Körper? Oder blicken die Heiligen auf uns, sind also wir das „Du“? Die Cäcilie von Maderno verweigert den Blick und lenkt gerade durch ihre Abwehr die Aufmerksamkeit

1] „Dentro questa cassa stava il corpo della beata Cecilia Virgine, coperto di un velo di seta scuro e sotto il velo rilucevano di tenue fulgore le vesti dorate chiazzate di macchie di sangue verginale [...]. Quel corpo giaceva appoggiato sul lato destro con le gambe un po'contratte, le braccia protese in avanti, con la testa assia ripiegata, il viso rivolto verso terra a guisa di chi dorme, conservando, con ogni probabilità la stessa posizione che aveva assunto dopo il triplice colpo al quale era sopravvissuta per tre gorni. L'illustrissimo cardinale Sfondrato si occupò di far costruire un simulacro in marmo raffigurante questo corpo giacente.“ Zit. nach: Anna Lo Bianco: Cecilia. La storia, l'immagine, il mito. La scultura di Stefano Maderno e il suo restauro, Rom 2001, S. 15.

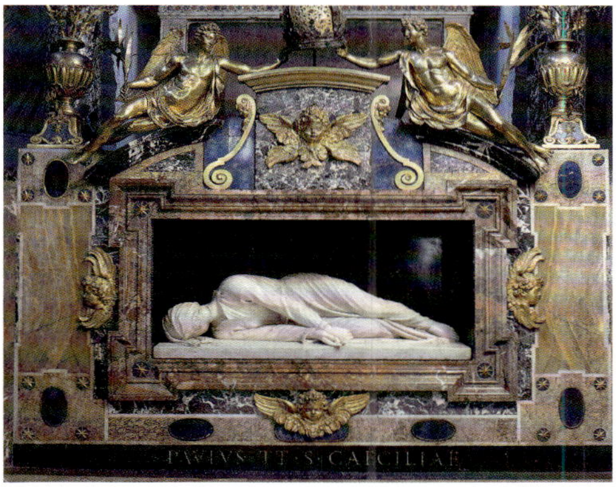

[1]

Stefano Maderno, *Heilige Cäcilie*, 1599
Santa Cecilia, Rom

auf die reflexive Beziehung zwischen den Betrachtern und den Dargestellten. Das Sich-Sehen oder auch das absichtsvolle Nicht-Sehen ist das Motiv vieler bedeutender religiöser wie auch weltlicher Kunstwerke. Der Kunsthistoriker Wolfgang Kemp hat diese grundlegende Strategie mit der Formel „Der Betrachter ist im Bild“ umschrieben. Damit wurde auch die Ortsspezifität von älterer Kunst verdeutlicht, die der modernen Ort- und Raumlosigkeit des Bildes entgegenläuft: Das Bild war an einen architektonischen Ort gebunden, und dem Künstler waren das Publikum und dessen Bedürfnisse vertraut.[2] Dieser Umstand änderte sich bekanntlich mit der Entstehung des autonomen Kunstwerks im 19. Jahrhundert, als (auch mittelalterlich-sakrale) Kunstwerke auf dem Markt zu zirkulieren begannen. So wurde auch das Blicken ziellos und der Adressat der Blicke aus dem Bild heraus als anonym gedacht. „Wir sehen dich“ wurde zu „Wir sehen irgendjemanden / alle / das Publikum“ im 20. Jahrhundert. Das Museum ist der Ort, der diesen unadressierten Blickbeziehungen einen stabilen Raum gegeben hat.

2] Vgl. Wolfgang Kemp: Kunstwissenschaft und Rezeptionsästhetik, in: Ders., Der Betrachter ist im Bild [1985], erw. Neuauflage Berlin/Hamburg 1992, S. 7-27, hier: S. 9.

Der Blick, aber auch der Körper als Ganzes, ist geeignet, Bedrängnis und Furcht auszudrücken. Doch auch der Umraum oder Kasten, hier Box genannt (in Absetzung von Space, spatium, also Raum), ist mittels seiner Gestaltung fähig, diese Gefühle zu initiieren. Schließt er dazu den Körper ein, kann die Einengung quasi am eigenen Leib gespürt werden. Die These des Aufsatzes ist aber, dass die Box auch ohne die Figur, also ohne den Körper, dazu fähig ist, Bedrängnis zu vermitteln. Dies geschieht, wenn sie den Betrachter umhüllt und ihn aus seinem kontemplierenden Verhalten heraus zu einem „Mitspieler“ macht. Hier beginnt eine komplexere körperliche Erfahrung. Das Blicken jedoch endet, wenn die Figur als Gegenüber des mitspielenden Publikums fehlt. Miroslaw Balkas Arbeit *Wir sehen dich* bietet nun etwas Neues: Sie verbindet durch ihre skulptural-räumliche Struktur und ihren musealen Aufstellungsort spätmittelalterliche Kunst des 13. bis 16. Jahrhunderts mit Kunst am Beginn des 21. Jahrhunderts.

Sie ist dazu geeignet, die Blickbeziehung zwischen den zeitlich weit entrückten, aber räumlich nahen Heiligenfiguren und den Zeitgenossen neu zu beleben. Mit dem Konnex zwischen Körper und Kasten liegt den folgenden Überlegungen ein skulpturaler und räumlicher und damit kein aus dem flächigen Gemälde gewonnener Kunstbegriff zugrunde. Auch die nun zu diskutierenden Beispiele der Skulptur und Malerei aus dem 15. und 20. Jahrhundert werden unter dem Blickwinkel gemalter, scheinbarer Körperlichkeit und Räumlichkeit betrachtet.

Bodies in boxes, also Körper in Kästen, schauen in der Regel nicht auf die Betrachter. Es sind Tote, die in engen Grabkammern oder -nischen liegen, in die die Zuschauer ihre Blicke richten dürfen. Wie die frühchristliche Märtyrerin Cäcilia schauen sie ihr Publikum nicht an. Und obwohl wir ihren Blick nicht sehen, trifft der Anblick ihres verdrehten Körpers mit großer Wucht, da etwas Außerordentliches wahrgenommen wird: eine gemarterte Leiche, die ihr Menschsein nicht nur durch den Tod, sondern auch durch die ausdrückliche Inszenierung der Abwesenheit ihres Blickes verloren hat. Als geheiligter Körper zeigt die jugendliche Cäcilie stattdessen die grauenvollen Spuren ihres Martyriums – drei tiefe Kerben im Hals. Ausgezeichnet durch das Wunder des leblosen, jedoch unversehrten Körpers, wie es die eingangs zitierte Legende aus dem 16. Jahrhundert überliefert hat, beansprucht sie gerade noch den Raum, den ihre Körpermaße vorgeben: In Breite und Tiefe entspricht die Altarnische der Länge der Plinthe von 130,5 x 45,5 bzw. 49 cm, auf welcher die Figur platziert ist. Die heilige Cäcilie liegt auf ihrem Gesicht. Es ist als Hauptsitz des Gefühlsausdrucks dem Betrachter verborgen. Die spätmanieristische Schönheit der (auch im Tode) anmutigen Frau mit den langen Händen und Füßen und die kostbare Umrahmung mindern das Grauen und sorgen für Distanz. Zugleich ruft sie mit ihrer spektakulären Körperhaltung einen starken Effekt hervor, der durch das Abwenden des Kopfes wieder gemildert wird. Die Box ist hier die Grabnische, aus schwarzem Marmor gefertigt. Sie verweist auf die Dunkelheit und Unheimlichkeit des Grabes, aber auch auf die Nacht des Todes.

Dagegen mildern in einem knapp achtzig Jahre älteren Kunstwerk weder Kostbarkeit noch Idealität den starken Eindruck ab, den die Darstellung des toten Christus in einer höchst bedrängenden Umgebung macht: Im Gemälde *Der Leichnam Christi im Grabe* (1521/1522) von Hans Holbein dem Jüngeren ist die nun gemalte, düstere Grabkammer seitlich geöffnet und zeigt den zu voller Länge ausgestreckten Leichnam des gemarterten Gottessohns, der seiner Auferstehung harrt [Abb. 2].[3] Nur der steinerne Boden, seitlich angeschnitten und mit einem Leichentuch bedeckt, hebt als Sockel den Körper etwas aus der Sphäre des Betrachters heraus. Holbein verstärkte den Ausdruck der Bedrängnis, indem er die rechte Stirnwand der Kammer und die Füße Jesu in Schrägansicht wiedergab, während der Körper bis zu den Knien bildparallel gemalt wurde. Die Tafel ist vermutlich ein Teil der Stiftung der Familie Amerbach in der Basler Kartause gewesen.[4] Dort könnte sie das Epitaph der verstorbenen Familien-

3] Für Miroslaw Balka hat diese Darstellung eine besondere Relevanz: Als Teil einer assoziativ zusammengestellten Sammlung von Abbildungen, Fotografien und Fundstücken ziert sie einen Raum in seinem Atelier in Otwock in der Nähe von Warschau.

4] Vgl. Hans Holbein d.J. Die Jahre in Basel 1515–1532, Ausst.-Kat.Kunstmuseum Basel (Katalognummer von Bernd W. Lindemann), München/Berlin/London/New York 2006, S. 259.

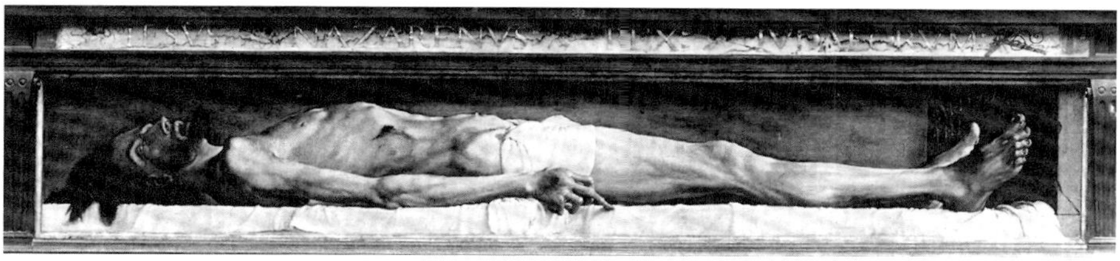 [2]

Hans Holbein der Jüngere, *Der Leichnam Christi im Grabe*, 1521/1522
Kunstmuseum Basel

mitglieder geschmückt haben, auf das die Besucher von links her zuschritten – daher wohl das Einfangen des Blickes an der rechten Seite des Bildes. Der geöffnete, erstarrte Mund, das hervortretende Kinn und die drangvolle Enge über dem Brustkorb des Messias verstärken den Ausdruck von Atemnot, der mit der Furcht vor Enge einhergeht. Zwar kann Enge Geborgenheit bedeuten, doch der angesichts der Tafel von Holbein wahrnehmbare Mangel an Raum zum Atmen verkehrt sie unweigerlich in ihr Gegenteil, in Platzangst.

Der ursprüngliche Aufstellungsort der Tafel wird in Augenhöhe vermutet.[5] Ihre Lage im Raum trug auf diese Weise zu ihrer hohen Ausdruckskraft bei. Auch die Nische der toten Cäcilie unterhalb der Altarmensa befindet sich in Augenhöhe der Gläubigen, die sich vor dem Lettner versammeln. Auch der Ort der Box trägt zur Wirkung ihres Inhaltes bei. Doch während die Skulptur nie aus der Kirche herausgenommen wurde, befindet sich die Tafel von Holbein im Basler Kunstmuseum, und der Betrachter nähert sich ihr aus einem beliebigen Winkel heraus. Der bei der Konzeption der Tafel mitbedachte und für die Rezeption wichtige Zusammenhalt von Body und Box ist aufgelöst worden. Die Verortung des Tafelbildes in der Basler Kartause vor einem speziellen Publikum und dessen Anforderungen an das Bild ist durch das Geschehen nach der Reformation zu einem historischen Faktum geworden. Um die Werke der Amerbachschen Stiftung vor bilderstürmerischen Aktivitäten zu schützen, nahm die Familie sie aus der Kartause in ihre Obhut und brachte sie in den profanen Zusammenhang des privaten Sammlerkabinetts.

5] Vgl. ebd. (wie Anm 3).

Du siehst uns – Wir sehen dich

Vom Tode Bedrohte, Gejagte, Gefolterte – sie schauen uns an. Die Passion Christi, deren Verbildlichung in der Spätantike ihren Anfang nahm, ist das Urbild des Bedrängens und des Marterns. Als Höhepunkt des Heilsgeschehens dient es der Darstellung einer Botschaft und besitzt appellativen Charakter. Die sechs Tafeln der Karlsruher Passion (um 1450), aufbewahrt in der Kunsthalle Karlsruhe[6], bilden einen besonders wertvollen Teil der Sammlung. Eindringlich und von großer Meisterschaft ist das Karfreitagsgeschehen dargestellt [s. S.32, 33].

6] Eine siebente Tafel befindet sich im Wallraf-Richartz Museum in Köln.

Auf der Tafel der *Entkleidung Christi* sind Jesu Blicke aus dem Bild herausgerichtet. Sie sind verängstigt und gequält, doch zugleich erduldend und vermitteln so das Geheimnis der Passion. Seine Blicke fielen in den Raum der damaligen Betrachter in der Kirche und forderten diese zur Compassio, zum Mitleiden, und zum Bereuen ihrer Sünden auf. Einzig Jesu Blicke durchbrechen die Grenze zwischen dem Geschehen im Bild und dem Geschehen in der Wirklichkeit. Wir sehen dich meint hier: Ich sehe euch. Zur Bedrängnis seines gegeißelten Körpers tritt die enorme Verengung seines Daseinsraums: Kriegsknechte, Soldaten, Zuschauer und Hohepriester füllen das Hochformat fast vollkommen aus. Die schmalen Streifen von Boden und Himmel sind mit Waffen und einer Leiter versperrt. Auch die Heiligen, angeführt von Maria und Johannes, sind bedrängt: Am linken Bildrand ist von Johannes nur die Hälfte, von einer vierten Heiligen sind gar nur ein Teil des Kopfes und ein Auge zu sehen. Ihr Daseinsraum ist ebenfalls verengt und auf ein Maß gebracht, das auch beim Betrachtenden Raumnot auszulösen vermag. Während solcherart die Not Jesu und seiner Anhänger gekennzeichnet ist, scheint die drangvolle Enge für die anderen Beteiligten nicht zu viel zu sein, gerade so, als teile man nicht denselben Raum. Bildräumlich gesprochen, scheinen nur die Bedrängten unter der Engesituation zu leiden, während sich die moralische Begrenztheit der Peiniger im äußerlich engen Raum widerspiegelt. Auf der folgenden Tafel der *Kreuzannagelung Christi* indes kehrt sich das Blickverhältnis um: Hier ist es einer der Schächer, der den Blick aus dem Passionsgeschehen in das Publikum vor dem Bild richtet, während Jesus und Maria Blicke tauschen. Jener Scherge kniet auf Jesu Leib, um das Strecken der Beine und das Annageln der Füße des Heilands zu unterstützen. Zugleich knüpft er dessen Lendentuch. In einem Akt der Barmherzigkeit verhindert der Peiniger das Blicken auf die Scham des Gekreuzigten. Wohl in einem inneren Zwiespalt gefangen, blickt er die Betrachter der Bildtafel fragend an. Erneut heißt es: „Ich sehe euch“, doch hier schaut uns der Peiniger Christi an. Der Maler der Karlsruher Passion bezieht eine in seiner Zeit eigenständige und durchaus zwiespältige Stellung, indem er den Messias und seine Verfolger zu den Gläubigen Blickkontakt aufnehmen lässt.

Diese virulente Blickbeziehung ist in einer Kopie der Kreuzannagelungstafel von einem unbekannten Meister (Meister des Maikammerer Altars [?], um 1470)[7] wieder aufgegeben worden [Abb. 3]. Auch thront der Schächer nicht mehr auf dem Körper von Jesus, sondern ist an dessen Seite gerückt, so dass Kreuz und Leib wieder gänzlich dem Betrachter präsentiert werden. Nun kann es erneut heißen: „Wir sehen dich“.

7] Als vorübergehende Leihgabe des Hessischen Landesmuseums Darmstadt zur Zeit ebenfalls in der Kunsthalle Karlsruhe gezeigt.

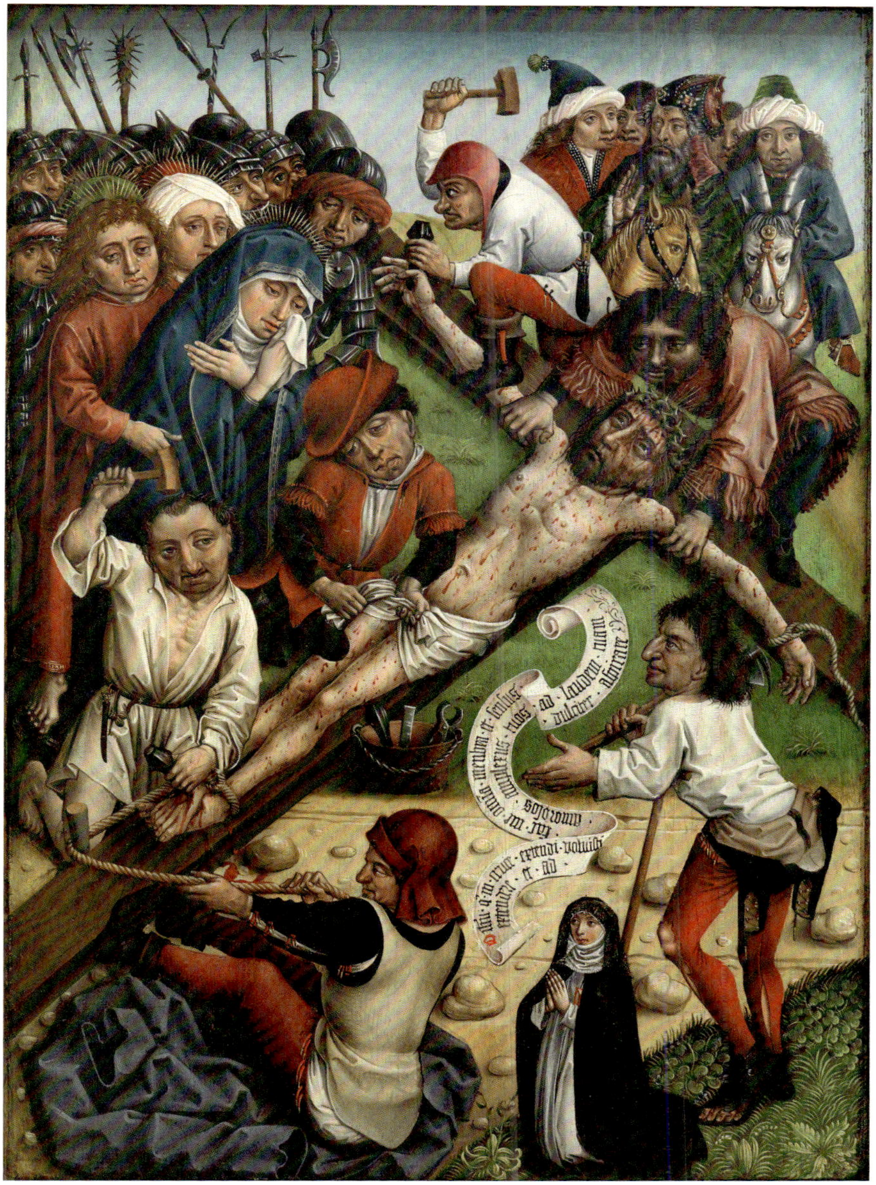

[3]

Meister des Maikammerer Altars (?)
Kreuzannagelung Christi
(nach dem Meister der Karlsruher Passion), um 1470
Hessisches Landesmuseum Darmstadt

Es ist bekannt, dass Passionsdarstellungen, vermittelt durch ihre Musealisierung im 19. Jahrhundert, expressionistische Künstler wie Otto Dix, Karl Hubbuch oder Erich Heckel zur Darstellung selbst empfundenen Leides anregten.[8] Max Beckmann (1884–1950) ließ sich 1919 wohl von der eben angesprochenen Kopie der Karlsruher Passionstafel zu der querformatigen Lithographie *Das Martyrium* (als Teil der Druckgraphikfolge *Die Hölle*) anregen, deren dicht gedrängte Komposition die Misshandlung der KPD-Führerin Rosa Luxemburg schildert [Abb. 4].[9] Die diagonale Anordnung des geschundenen Körpers und die ausgestreckten Arme und Beine der berühmten Kommunistin erinnern sofort an die spätmittelalterliche Tafel. Luxemburgs von Gewalt gezeichnetes Gesicht ist wie blicklos, denn obgleich es flächig dem Betrachtenden zugewandt ist, wirken ihre Augen ohne Pupillen blind. Die Ausweglosigkeit ihrer furchtbaren Lage und ihr bevorstehender gewaltsamer Tod lassen die Kontaktaufnahme aus dem Bild heraus als sinnlos erscheinen. Für die Atheistin Luxemburg und auch für den Zweifler Beckmann käme eine religiöse Erlösungshoffnung vermutlich der Preisgabe des politischen Charakters des Blattes gleich, und dennoch griff der Künstler auf mittelalterlich-sakrale Weisen der Komposition und des Blickens zurück. Beckmann begriff sich als Zeuge und übernahm also selbst die Rolle eines Betrachtenden.[10]

Nach der politischen Barbarei der Revolutionswirren von 1919 schildert eine andere Darstellung, die das Blicken und den bedrängten Körper zum Inhalt hat, die Barbarei der Vertreibung und Vernichtung der Juden. Der 1904 geborene jüdische Maler Felix Nussbaum, selbst 1944 in Auschwitz umgekommen, hat sich auf seinem langen Leidensweg von Exil und Verfolgung immer stärker zum Zeugen der Verbrechen gemacht und diese Haltung in seinen Selbstbildnissen für die Nachwelt festgehalten, vor allem in seinem Gemälde *Selbstbildnis mit Judenpaß* (vor August 1943) [Abb. 5]. Vor dunklem Himmel innerhalb eines Mauerwinkels (oder steht er davor?) zeigt Nussbaum seinen mit „Juif – Jood" gestempelten Ausweis; er trägt einen Hut und hat den Mantelkragen hochgeschlagen, unter dem der Judenstern sichtbar ist. Als Schulterporträt sind nur sein angstgezeichnetes Gesicht und die Hände zu sehen. Hinter der Mauer ragen die Fassade eines Hauses (die Rückfront der Rue Archimède 22[11]), ein Baumstamm mit abgesägten Ästen und einem blühenden Ast sowie Telegraphenleitungen hervor; letztere wirken auch wie die Stacheldrahtzäune eines Lagers. Der Himmel zeigt an einer Stelle Blau und Rosa, sonst überziehen ihn tiefdunkle Wolken. Licht fällt auf das Fenster der Wohnung von Felix Nussbaum und seiner Frau Felka Platek im zweiten Stock. Die Mauer ist brüchig; links oberhalb von Nussbaum ragt ein Haken hervor. Perspektivisch unklar bleibt, ob die Nussbaum hinterfangende Mauer nach vorne oder nach hinten abknickt. In jedem Fall ist Nussbaum in einem Raum gezeigt, der ihm kaum Platz gibt. Er ist ein Ver-

8] Vgl. beispielsweise zur Rezeption von Matthias Grünewald den Aschaffenburger Ausstellungskatalog Grünewald in der Moderne. Beckmann, Dix, Picasso, Rainer, Schad und andere, hg. von Brigitte Schad und Thomas Ratzka, Köln 2002.

9] Vgl. Holger Jacob-Friesen und Christiane Zeiller: Querschnitte durch Beckmanns druckgraphisches Werk 1914 bis 1924, II. Die Hölle (Holger Jacob-Friesen), in: Max Beckmann. Druckgraphik 1914–1924 Ausst.-Kat. Staatliche Kunsthalle Karlsruhe, Heidelberg 2005, S. 56-67, hier: S. 57/58.

10] Vgl. ebd., S. 56.

11] Eines seiner beiden Verstecke in Brüssel. Vgl. Eva Bergner/Inge Jaehner/Peter Junk/Karl Georg Kaster/Manfred Meinz/Wendelin Zimmer, Felix Nussbaum. Verfemte Kunst – Exilkunst – Widerstandskunst. Beiträge zur Osnabrücker Kunst- und Kulturgeschichte, Bd. 3, hg. vom Kulturgeschichtlichen Museum Osnabrück und dem Museums- und Kunstverein Osnabrück e. V., 3. überarb. Auflage, Bramsche 1994, S. 413.

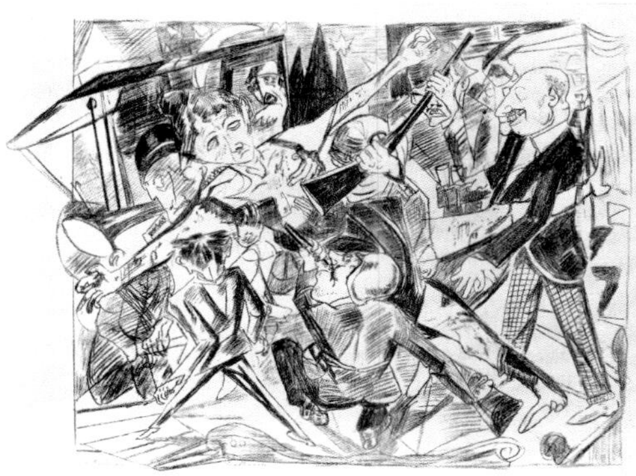

[4]

Max Beckmann
Martyrium (Die Hölle, Nr. 4), 1919

folgter, der eine nächtliche Ausweiskontrolle beim Wechsel von einem Versteck in das andere zu erleiden hat. Nussbaums Emotionen sind in Nahsicht wiedergegeben. In einer Gestik der Verschwiegenheit blickt der Künstler den Betrachtenden direkt an – ist dieser der bedrohliche Ausweiskontrolleur? Während die heilige Cäcilie den Blick abwandte, fordert Nussbaum durch sein direktes Blicken den Betrachter zur Mitzeugenschaft heraus und kündet ihm von seiner hochbedrängten Situation. Die an reale Stadträumlichkeit angelehnte Situation in der Brüssler Rue Archimède gibt dem Bild eine Spezifität des Ortes, die der Ortlosigkeit des Gemäldes selbst entgegensteht: Nussbaum wünschte sich zwar die museale Zusammenführung seines bei Vertrauten versteckten Werks, konnte sich der Verwirklichung aber kaum sicher sein. Das unadressierte Blikken auf ein anonymes Publikum als Kennzeichen des autonomen Kunstwerks verliert nun vor dem Dilemma politischer Verfolgung und dem Wunsch des Todgeweihten nach dem Überdauern wenigstens seiner Werke seine Bedeutung. Im Felix-Nussbaum-Haus in Osnabrück ist das Œuvre von Nussbaum auf Initiative einer Verwandten des Malers zusammengeführt und dauerhaft präsentiert worden. Der amerikanische Architekt Daniel Libeskind (*1946) hat das Nussbaum-Haus zwischen 1994 und 1998 errichtet. Seiner dekonstruktivistischen Architekturauffassung folgend, baute Libeskind das Museum aus drei zum Dreieck angeordneten Achsen mit spitz zulaufenden Räumen. In einem solchen ist Nussbaums *Selbstbildnis mit Judenpaß* ausgestellt. Das Museum von Libeskind ermöglicht es so, die im Bild festgehaltene Bedrängnis in eine körperliche Erfahrung des Museumsbesuchers zu übersetzen. An dem spitzen Ende des Raums verringert sich der Distanzraum, den Kunstwerke zur ruhigen Betrachtung brauchen. Die im 20. Jahrhundert aufgelöste Beziehung des Kunstwerks zu einem spezifischen Ort, an dem es präsentiert wurde, ist durch die Ortlosigkeit des Flüchtenden und seines verfemten Werks aufs Höchste gesteigert worden, erschien doch das Überdauern des Werks als unmöglich. Durch die

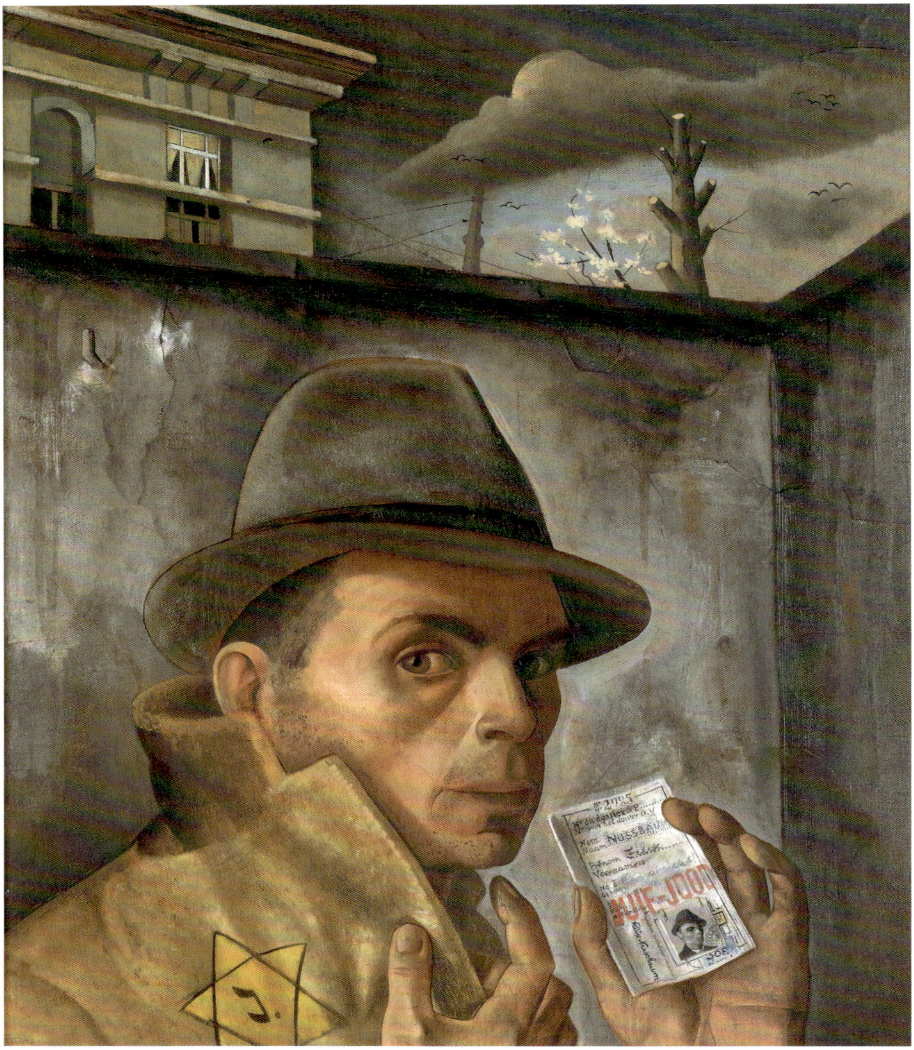

[5]

Felix Nussbaum
Selbstbildnis mit Judenpaß,
nach August 1943
Felix-Nussbaum-Haus, Osnabrück

Nussbaum-Sammlung ist der Erhalt gesichert, und mehr noch, ist dem Werk durch die Museumsarchitektur von Libeskind ein Umraum gegeben worden, der die Bedrängnis des Malers selbst erfahrbar macht.

Kein Blicken

Libeskind hatte sich dazu räumlicher Öffnungen und Verstellungen, Weitungen und Verengungen bedient, die es in vielen seiner Museumsbauten gibt. Mit dieser Strategie steht er der Bildhauerei in den USA seit 1965 nahe. Hier hatten Künstler der Minimal Art wie Donald Judd, Robert Morris oder Carl André begonnen, den Raum selbst durch die Darstellung seiner Begrenzungen sichtbar zu machen, anstatt eine Kernform in den Raum hineinzustellen. Richard Serra formte mit monumentalen Stahlscheiben Zwischenräume, durch die sich das Publikum bewegt. Bruce Nauman (*1941) begann, den Raum durch die Bewegungen seines Körpers zu erforschen, indem er seine Gänge durch das leere Atelier filmte. Seine performative Arbeit führte von den Filmen zu Räumen als Versuchsanordnungen für die Erprobung des Gehens, die oftmals Korridore waren. Diese stellte er schließlich ohne die Videoaufzeichnungen aus (Performance Corridor, 1969/1970, Whitney Museum of American Art, New York) und machte solcherart den Betrachtern das Angebot, selbst durch die Skulptur zu gehen und zum „Mitspieler" zu werden. Dabei konnten sich gemischte Gefühle aus Neugierde und Angst einstellen, wie dies auch in den engen Räumen und Gängen in Libeskinds Museumsbauten geschieht. Anders als bei Libeskind sind Naumans Raumskulpturen aber ohne didaktische oder erinnerungsstiftende Absicht; Naumans Boxen stellen nicht mehr dar, als sie in rein physischem Sinne sind. 1974 baute er einen allseitig geschlossenen Raum aus Stahlgittern, in den er einen zweiten hineinstellte: den *Double Steel Cage* [Abb. 6].

Wir sehen uns

Der Unterschied der Korridore Naumans zu denen von Balka wird hier besonders greifbar: Obgleich auch Nauman eine Gitterbox schafft und Raumnot thematisiert, bleibt er doch auf einer Ebene, die dem Werk immanent ist. Balka hingegen spannt durch das Hineinstellen seines Gitterkorridors in das Museum einen Bezugshorizont auf, der vom Erleben der eigenen Befindlichkeit seitens des Betrachters bis zu einer erneuerten Befragbarkeit religiöser Kunst des Spätmittelalters reicht. Nauman hatte ein dialogisches Verhältnis zwischen Werk und Betrachter, das durch das Blicken hergestellt wird, zugunsten der Körpererfahrung der Bedrängnis aufgegeben. Auch Balka mutet dem Betrachter Beengung zu und lässt ihn so seinen Körper intensiver spüren. Die Ventilatoren,

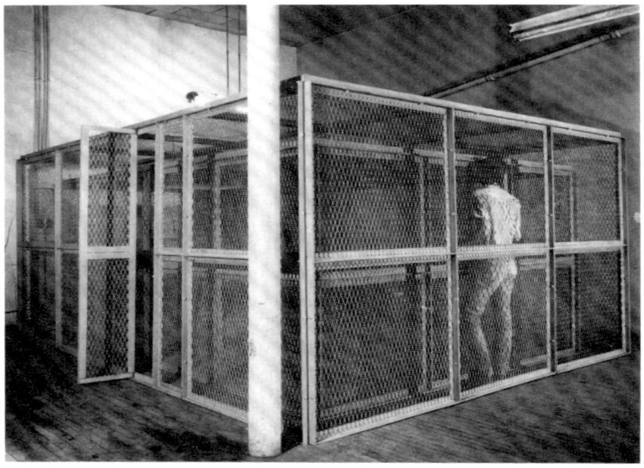 [6]

Bruce Nauman, *Double Steel Cage*, 1974
Museum Boymans-Van Beuningen, Rotterdam

die die Begehenden des Korridors an den Ein- und Ausgängen in einen starken Luftstrom tauchen, und ihre Geräusche verstärken das Sinnenerlebnis. Indem Balka aber die Gitter nicht nur um das Publikum aufrichtet, sondern auch die Körper der Heiligen hinter Gitter stellt, bringt er beide in Bedrängnis. Bedrängte Körper in der Kunst sind jetzt nicht nur die der Heiligen, sondern auch die ihres Gegenübers, des Publikums im Museum. Während die Gläubigen des Spätmittelalters in der Kirche durch die Leidensdarstellung Jesu erschüttert wurden, werden die Besucher einer Institution aus der Zeit der Aufklärung, die das Museum ist, durch einen künstlerischen Eingriff in ihrem gewohnten Aktionsradius beschnitten und auf sich selbst zurückgeworfen. Die neuartige Qualität der Arbeit Balkas liegt im Zusammenführen von Spüren und Blicken: Selbst räumlich eingeengt, blicken wir auf die Drangsal Christi im Bild. Aus einer modernen Rauminstallation hinausschauend oder -tretend, schauen wir auf jene Bilder, die am Anfang aller Darstellungen bedrängter Körper in der Kunst stehen: die Bilder der Passion und des Heilsgeschehens.

Pia Müller-Tamm

Miroslaw Balka
Wir sehen dich
Eine Reflexion über das Museum

- I -

Die Arbeitshypothese des Museums lautet: Kunstwerke kommen ins Museum, indem sie ihren früheren Ort verlassen, und sie besetzen ihren neuen Ort, indem sie andere Werke verdrängen. Jede Aktivität im Museum hat deshalb mit Beraubung und mit Verdrängung zu tun. Dies gilt in besonderer Weise für ein Museum wie die Staatliche Kunsthalle Karlsruhe, die über eine umfangreiche und hochrangige Sammlung verfügt und der ein dauerhaft nutzbarer Wechselausstellungsraum fehlt. Es lag also nahe, diese institutionelle Voraussetzung positiv zu wenden und den Kontext der Sammlung als Ort neuer Werke ins Spiel zu bringen. In diesem Sinne schlug unser Gastkurator Julian Heynen Miroslaw Balka als Künstler und die Räume der altdeutschen Kunst – die Herzkammer der bedeutenden Karlsruher Sammlung – als Ausstellungsort vor. Zunächst waren es gleichsam subkutane Verbindungslinien, die zu dieser überraschenden Konstellation führten: zwischen dem polnischen Künstler, der das katholische Milieu seiner Herkunft in sich trägt und hinter sich gelassen hat, der gegenwärtig der sensibelste Interpret der kollektiven Erinnerungen seines Landes an die Gräueltaten des Krieges ist, und der komplexen Gesamtstruktur einer musealen Sammlung, in der Darstellungen der christlichen Passion, des menschlichen Leidens und des Schmerzes überzeitliche Geltung beanspruchen dürfen. Aus dieser Konstellation entwickelte sich in den Monaten der Zusammenarbeit zwischen Künstler, Kurator und Museum keine „Reflexion über menschliche Daseinsbedingungen in ihrer schrecklichsten Ausprägung“[1]; Balkas mit subtilen historischen Verweisen unterlegte Arbeit kleidet sich vielmehr in eine Reflexion über das Museum und die Wahrnehmung von Kunst. Denn Miroslaw Balka verdrängt nicht, sondern fügt hinzu und lässt uns damit genauer sehen: auf eine Bildersammlung in ihrer zutiefst disparaten Gesamtstruktur, auf das, was diesen Werken durch die Musealisierung genommen wurde, und auf das, was sie dadurch gewonnen haben. Auf manche Liebhaber der Kunsthalle mag diese neue Arbeit zunächst wie ein Überraschungsschock wirken, aber der temporäre Eingriff des

1] Catharina Winzer: Perspektiven künstlerischer Strategien zum Zweiten Weltkrieg in Polen: Miroslaw Balka und Zbigniew Libera, in: Frank Grüner/Urs Heftrich/Heinz-Dietrich Löwe (Hg.), „Zerstörer des Schweigens“. Formen künstlerischer Erinnerungen an die nationalsozialistische Rassen- und Vernichtungspolitik in Osteuropa, Köln/Weimar/Wien 2006, S. 467.

heute tätigen Künstlers in die noble museale Präsentation erweist sich bei genauerem Hinsehen als eine aufklärerische Geste, mit der das Museum an seine historische Mission erinnert.

Wie artikuliert sich diese künstlerische „Gegenmacht", die Miroslaw Balka in der musealen Sammlung installiert? Welche räumliche Struktur entfaltet sie? Die Arbeit *Wir sehen dich* entwickelt sich als eine Art Korridor, der in einer Gesamtlänge von ca. 100 Metern acht Räume der Sammlung altdeutscher Kunst im ersten Obergeschoss des östlichen Flügels im Hauptgebäude der Kunsthalle durchmisst. Sein Grundriss hat die Form eines gedehnten Rechtecks. Die Binnenmaße von 120 cm Breite und 200 cm Höhe folgen in etwa dem Körperradius eines Erwachsenen. Als Material hat der Künstler einfache Metallgitter aus horizontalen und vertikalen Streben verwendet, die die Blicke der Betrachter passieren lassen und diese doch auf Abstand zu den Bildwerken halten. In jedem Raum findet sich allerdings eine Öffnung, die den Übertritt von Balkas Arbeit in die Räume der altdeutschen Kunst und umgekehrt ermöglicht. Jeder Ein- bzw. Ausgang ist mit einem Ventilator an der Decke ausgestattet, der sich bei Annäherung des Besuchers in Bewegung setzt. Der Gang durch den Korridor und die Automatik der Ventilatoren sind damit zwei komplementäre, rhythmisch aufeinander bezogene Momente von Stillstand und Bewegung. Der Titel der Arbeit *Wir sehen dich* ist Paul Celans Gedichtband *Von Schwelle zu Schwelle* entliehen.[2]

2] Paul Celan: Wir sehen dich (verfasst am 7.12.1954, Erstveröffentlichung 1955), in: Ders., Die Gedichte. Kommentierte Gesamtausgabe in einem Band, hg. und kommentiert von Barbara Wiedemann, Frankfurt a. M. 2003, S. 84.

Doch der Begriff des Korridors hat nur vorläufige und begrenzte Geltung, denn es geht Balka um eine künstlerische Struktur im Raum, die sich gerade nicht durch ihre Ähnlichkeit mit gebauten Architekturen auszeichnet. Um es mit dem französischen Kunstkritiker Alain Cueff zu sagen: „Weder ein historischer noch ein deskriptiver Standpunkt kann entscheidend zur Bestimmung ihres Status beitragen. Und das im Gegensatz zu Malerei und Bildhauerei, denen die Ablagerungen einer Tradition zugute kommen und die sich anhand unwandelbarer Kriterien beschreiben lassen, was auch immer die spezifischen Probleme sein mögen, die sie aufwerfen. So gesehen, wäre es nur ein Schritt zur Behauptung, dass es … vor allem darum geht, gewisse Grenzen ins Blickfeld zu rücken und zu überschreiten."[3]

3] Alain Cueff: Der Ort des Werkes, hg. von Ulrich Loock, Kunsthalle Bern, Eindhoven 1992, S. 16f.

Wir sehen dich ist solch eine offene Struktur, die sich nicht in Analogien zu Bekanntem erschöpft. Für sie greift kein Gattungsbegriff und keine Formanalyse, auch wenn es zweifellos eine für Balkas Werke spezifische Ästhetik gibt. Die Begriffe der alten Produktionsästhetik sind hier dennoch ungeeignet, denn es geht Balka nicht primär um Formschöpfung oder Gestaltung, sondern um die Markierung eines Ortes, eines bisher unbekannten Ortes, an dem vielfältige und wechselnde Bezüge zusammenkommen. Dieser künstlerisch definierte Ort zeichnet sich zwar durch die fundamentale Differenz allen räumlichen Denkens aus: durch die Grenze zwischen innen und außen, zwischen Vertrautem und Unbekanntem, Inklusion und Exklusion, letztlich zwischen Immanenz und Transzendenz. Aber Balka entfaltet diese Struktur nicht als Entweder-Oder. Wir haben es nicht mit fixierten Raumeinheiten zu tun, sondern mit zahllosen Verstrebungen von außen und innen, mit Übergängen und Vermittlungen, mit Schnittstellen und Schwellenräumen, die es erlauben, Grenzen und Sichtbarrieren stets von zwei Seiten her zu sehen und zu denken. Der Betrachter (wenn man ihn behelfsmäßig so nennen will) muss im Akt der Begehung seine Beziehung zu diesem Ort erst definieren. Es geht Balka um die verwandelnde Kraft von Grenzdurchschreitungen, um Übergangspassagen, die – markiert durch die Ventilatoren – die Erfahrungsintensität steigern. *Wir sehen dich* erlaubt, dass sich Bilder und Werke unterschiedlicher Ordnungen im wahrnehmenden Betrachter begegnen und die längst vergessene Differenz von sakraler und profaner Sphäre in Erinnerung rufen.

– II –

„Das Museum ist eine mächtige und produktive Instanz. Es tut nur so, als diene es vorgeordneten Zwecken, als wolle es nur konservieren und ganz und gar sachgerecht präsentieren", schreibt Wolfgang Kemp, der bekannte Erforscher der Strukturen christlicher Kunst, über das Museum. „Tatsächlich produziert es Kunst, den Begriff und die Sache Kunst."[4] Treten wir also einen Schritt zurück und versuchen, die scheinbar so opaken Mauern des Museums, dieses feste Gehäuse der Bilder und Werke, gedanklich zu öffnen und auf die Vorgeschichte der Musealisierung zu blicken.

4] Wolfgang Kemp: Kunst kommt ins Museum, in: Werner Busch (Hg.), Funkkolleg Kunst, München/ Zürich 1997, S. 228.

Historisch umfasst die Karlsruher Sammlung altdeutsche Kunst der Zeit von 1360 bis zur Mitte des 16. Jahrhunderts, geografisch liegt ihr Schwerpunkt in der oberrheinisch-schwäbischen Region mit den Zentren Straßburg, Ulm, Augsburg und Konstanz. Sie ist eine der bedeutendsten Sammlungen jener epochalen Übergangsphase der Selbstbewusstwerdung des Bildes als Kunst, in der die religiöse Bildpraxis im kirchlichen Auftrag von der freieren Kunstproduktion der Renaissance abgelöst wurde. Den facettenreichen Charakter der Sammlung prägen private Andachtsbilder und monumentale Flügelaltäre, Passionstafeln und Heiligendarstellungen sowie profane Auftragswerke aus der Frühzeit des autonomen Tafelbildes, zumeist mythologische oder allegorische Darstellungen und Porträts. Hier kommen mithin Werke zusammen, die von ihren Schöpfern für bestimmte Orte und feste liturgische Funktionen konzipiert, und solche, die von Beginn an als freie nomadische Bilder für wechselnde Orte gedacht waren. Ihre Präsentation im Museum verschleiert diese kategorialen Unterschiede und veränderten Zugänglichkeiten.

Bedenken wir die Wirkungsmöglichkeiten der sakralen Bilder, solange die Kirche ihnen Resonanzraum und Sitz im religiösen Leben der Gläubigen bot: Ihre Wahrnehmung war abhängig von den Größenverhältnissen zwischen Werk und Betrachter, von ihrer Sichtbarkeit von bestimmten Standorten im Sakralraum, von der Bewegung der Gläubigen im Kircheninneren, von wechselnden Lichtsituationen (durch Kirchenfenster gefiltertes Tageslicht bzw. Kerzenlicht) und Ansichten (Alltags- und Festtagsseiten von Altären), von Distanz schaffenden baulichen Gegebenheiten, wie der Schwelle zum Altarraum, vom geistlichen oder weltlichen Stand der Gläubigen.[5] All diese subtilen Abstufungen von Sichtbarkeit, durch die der Wechsel von sinnlicher Betrachtung in übersinnlich-religiöse Erbauung für unterschiedliche Gruppen je eigens geregelt wurde, waren an die speziellen räumlichen Voraussetzungen und die liturgischen Funktionen des Sakralraums gebunden. Das Gegenüber des Werkes war kein subjektiver Betrachter, sondern eine mitwirkende Gemeinde oder deren Repräsentanten, durch die das religiöse Bildwerk erst zu seiner Wirkungsrealität gelangte.[6]

Im Zuge der Reformation wurden bekanntlich zahlreiche Bilder aus Kirchen und Klöstern entfernt. Ein wahrer Bildersturm machte der Kirche das bis dahin unangefochtene Kunstmonopol streitig. Die lutherische Bilderabstinenz und die beginnende Sammeltätigkeit der Fürstenhöfe waren parallele und indirekt miteinander verbundene Phänomene. Die Kontextwechsel vom sakralen in den profanen Raum, die durch die Reformation und in einem zweiten Schub durch die Säkularisierung veranlasst wurden, hatten oft elementare Eingriffe in die originale Substanz der Werke zur Folge. In Kriegs-, aber auch in Friedenszeiten ging man alles andere als sorgsam und pietätvoll mit den Werken der altdeutschen Kunst um. Gerade Besitzer aus dem geistlichen Stand verfuhren oft sehr unbedenklich, sobald die religiösen Bildwerke ihre liturgische Funktion eingebüßt hatten: Es wurde „überschnitzt, angestückt, gespalten, be- oder gar zerschnitten, anders wieder zusammengesetzt und be- oder übermalt".[7] Zahlreiche hochbedeutende Werke der Karlsruher Sammlung – als prominentestes Beispiel muss die gespaltene Tafel der Kreuzigung und der Kreuztragung von Matthias Grünewald gelten – hat dieses Schicksal ereilt. Viele Bildtafeln überlebten nur als Fragmente, zahlreiche Bildzyklen sind nur in Einzelwerken überliefert [Abb. 1].

5] Barbara Welzel: Kunst oder Botschaft? Postsäkulare Fragen an die Kunstgeschichte und einige Thesen zur Praxisrelevanz kunsthistorischer Methodendiskussion, in: Steffen Bogen/Wolfgang Brassat/David Ganz (Hg.), Bilder Räume Betrachter. Festschrift für Wolfgang Kemp zum 60. Geburtstag, Berlin 2006, S. 342.

6] Werner Hofmann: Die Moderne im Rückspiegel, München 1998, S. 38.

7] Anna Moraht-Fromm: Die Kunst der Beschneidung – beschnittene Kunst oder: Wie man mit Kunst umgeht, Manuskript eines Vortrages, gehalten auf dem Symposium zur Verabschiedung von Dietmar Lüdke, Staatliche Kunsthalle Karlsruhe 2008, S. 2; erscheint in: Jahrbuch der Staatlichen Kunstsammlungen in Baden-Württemberg, Bd. 46, 2010.

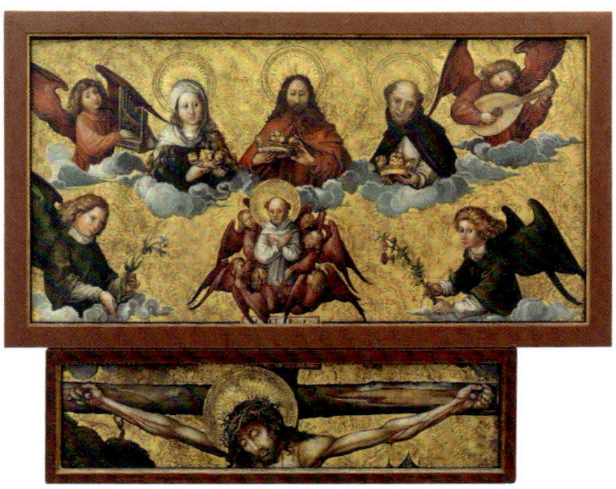

[1]

Meister der Dominikus-Legende, Zwei Fragmente eines Dominikus- und Passionsaltars
Die Krönung des heiligen Dominikus, Hessisches Landesmuseum Darmstadt
Kreuzigung Christi, Bayerische Staatsgemäldesammlungen München, um 1493/94

Der Weg vom mittelalterlichen Kultbild zum neuzeitlichen Kunstwerk etablierte einen neuen Abstand zwischen Kunstwerk und Betrachter.[8] Die frühen fürstlichen Sammlungen des 16. Jahrhunderts, zu denen auch die Sammlung der Markgrafen von Baden zählte, entsprachen einer anderen, zutiefst weltlichen Logik: Es ging um Plenitudo, um die Demonstration von Reichtum, Fülle, Vielfalt und Pracht. Die Erwerbung von 101 Gemälden durch Markgraf Ludwig Wilhelm von Baden 1693 für sein neues Schloss zu Schlackenwerth in Böhmen mag eine solche Haltung dokumentieren.[9] Die feudalen Präsentationen unterwarfen die Werke einer nivellierenden Geste: Häufig in vielen Reihen dicht neben- und übereinander platziert, relativierten sie die Einzelwerke zugunsten eines Totaleindrucks, missachteten qualitative Differenzen und Bedeutungshierarchien. Die geheime Ordnung der flächendeckenden Bilderhängung folgte vor allem dekorativen Gesichtspunkten. Auf der Ebene der Betrachter traten an die Stelle der vielen Gläubigen die adeligen Landesherren oder einzelne Privatleute.

Die neuzeitliche Erfahrungsachse der ästhetischen Distanz führte die Kunst nach 1800 in den Schonraum des Museums. Als Folge von Aufklärung, Säkularisierung und bürgerlicher Revolution wurden die Werke allen weltlichen und religiösen Funktionszusammenhängen entzogen und als zweckfreie Gebilde lesbar. Mit ihrem Einrücken in die Sphäre des „interesselosen Wohlgefallens“ (Kant) ging ein viele Jahrhunderte andauernder Prozess zu Ende, in dessen Verlauf die Bildwerke aller religiösen und repräsentativen Funktionen beraubt wurden, um damit als autonome Kunst zutiefst „fragwürdig“ zu werden. Erst der neue Freiraum des Museums ermöglichte es, aus der Verfügbarkeit Bedeutungsgewinn zu schöpfen.

Die Idee zur Gründung der Großherzoglichen Kunsthalle in den 1830er Jahren ist dem aufgeklärten Geist eines Aristokraten, Leopolds von Baden, zu verdanken, der mit dem Museum vor allem belehrende und erzieherische Aufgaben verfolgte. Der erste Museumsdirektor, der Maler Carl Ludwig Frommel, formulierte 1852, die Großherzogliche Kunsthalle solle „mit ihren Sammlungen nicht nur ein Denkmal vergangener Zeiten, sondern ein Asyl für die neuere und neueste Kunst sein“, aber die Sammeltätigkeit blieb, wie Jan Lauts schreibt, zunächst ohne System und Programm.[10] Ein erheblicher Zugewinn im Bereich der altdeutschen Kunst ergab sich allerdings als mittelbare Folge der Säkularisation. Der Freiburger Theologe J. B. von Hirscher hatte die nach 1803 heimatlos gewordenen Bilder aus kirchlichem Besitz in großer Zahl erworben und 1858 107 Werke an die Kunsthalle verkauft. Damit wurde der badische Besitz altdeutscher Kunst auf ein breites Fundament gestellt.

Das Museum hat die Kunst nicht stillgestellt, sondern sie den sich wandelnden Erkenntnisinteressen und Vorstellungen über Präsentation und Vermittlung unterzogen. Die kunsthistorische Forschung und wissenschaftlich begründete Hängung, die in den 1870er Jahren durch den Universitätslehrer Alfred Woltmann initiiert wurden, machten erstmals die Bedeutung und die Qualität der Karlsruher Bestände bewusst.[11] Nach 1900 wurde die Sammlung mehrfach neu

8] Hofmann 1998 (wie Anm. 6), S. 380. Hofmanns Überlegungen über die Polyfokalität im Mittelalter verdankt der vorliegende Text einige Anregungen. Der historische Prozess der Emanzipation des autonomen Bildes wurde von Hans Belting analysiert in: Bild und Kult, München 1990, Kap. 20, S. 510ff.

9] Jan Lauts: Die Staatliche Kunsthalle Karlsruhe, Hanau 1968, S. 16.

10] Ebd., S. 36.

11] Ebd.

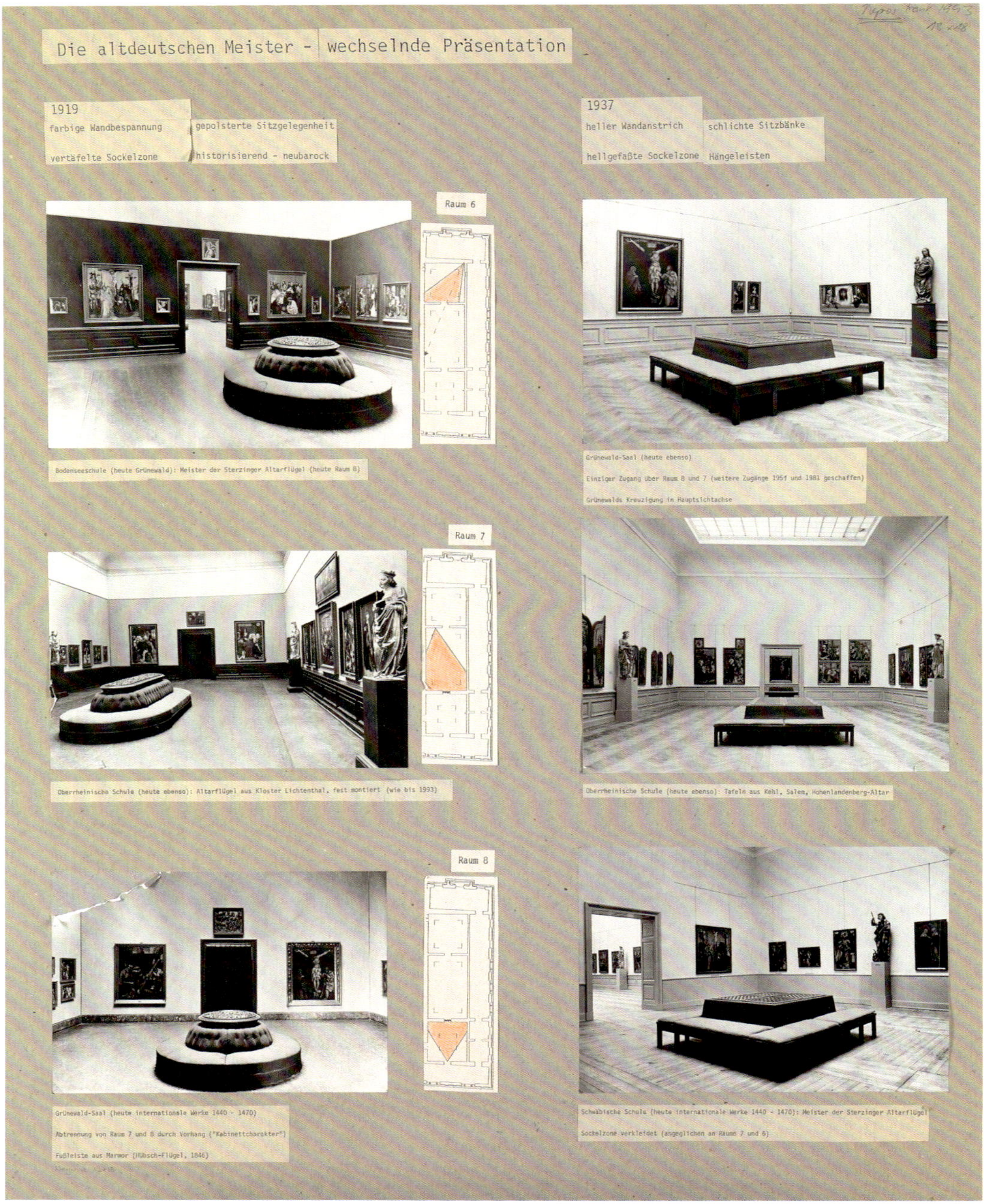

[2a]

Historische Sammlungspräsentationen der Alten Meister
in der Kunsthalle Karlsruhe, 1919, 1937

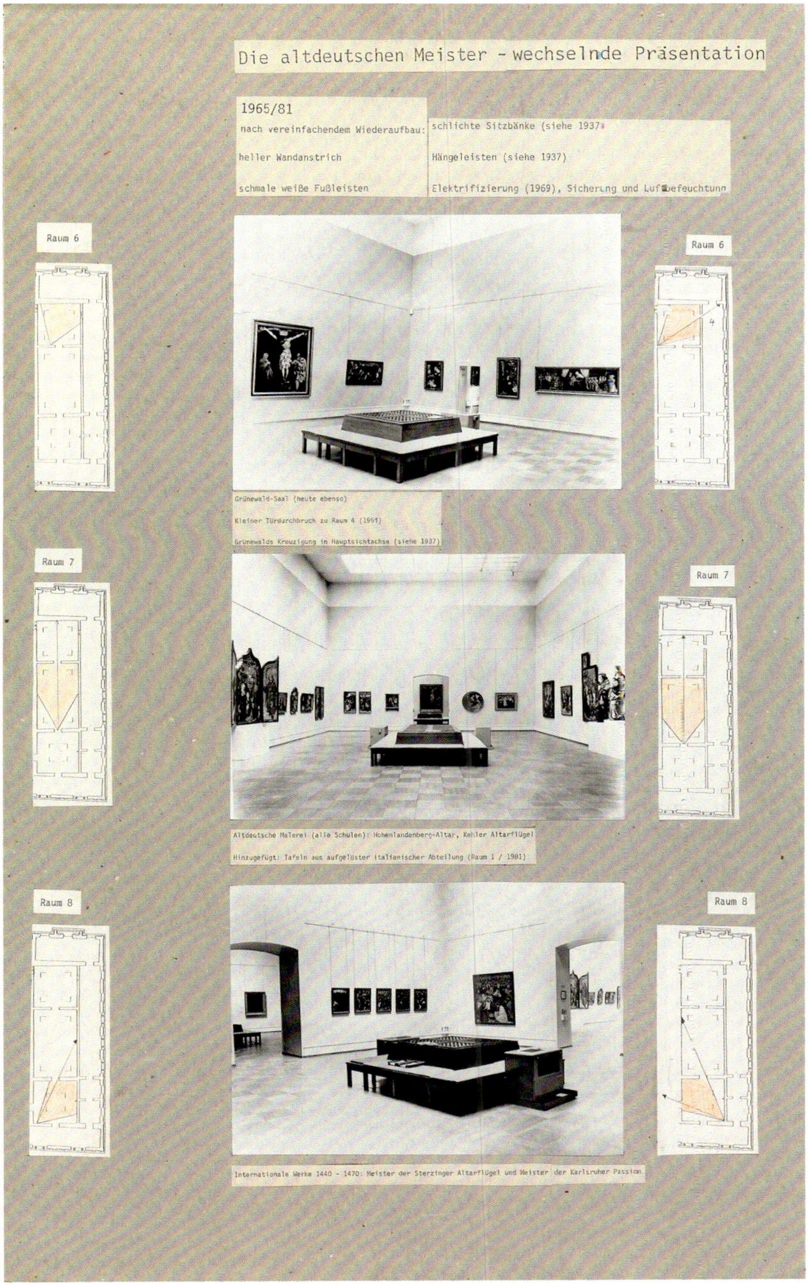

[2b]

Historische Sammlungspräsentationen der Alten Meister in der Kunsthalle Karlsruhe, 1965/1981

eingerichtet, wie die Kartographie der Sammlungspräsentationen von Dietmar Lüdke zeigt [Abb. 2a/b]. Unterschiedlich ist in den verschiedenen Inszenierungen der Grad der Vereinzelung bzw. der Ensemblebildung der Werke; ihnen gemeinsam ist, dass sie maximale Sichtbarkeit und Zugänglichkeit anstreben. Die Werke sind im Museum Teil eines Bilderkosmos, der den eigenen Gesetzen und der Logik des Sammelns folgt. Nur einmal kehrten die Werke der Karlsruher Kunsthalle aus dem Schonraum des Museums auf die Bühne der Geschichte in ihrer bedrohlichsten Form zurück: 1944, als die bedeutendsten Alten Meister von den Museumswänden genommen wurden, um sie – nach einem risikoreichen Transport – in einem Salzbergwerk bei Heilbronn einzulagern[12] [Abb. 3]. Die überlieferten Fotos zeigen die ehemaligen Bilder der religiösen Verehrung, die Manifestationen der erlesensten Malkultur schutzlos auf Bahngleisen bei Nacht – Zeugnisse der tiefsten Verachtung und des höchsten Mutes, der im Akt der Rettung lag.

12] Christhard Schrenk: Schatzkammer Salzbergwerk. Kulturgüter überdauern in Heilbronn und Kochendorf den Zweiten Weltkrieg, Heilbronn 1997.

– III –

Paradigmatisch für die Epoche der Musealisierung steht der Satz des Philosophen Hegel, der das Ende der göttlichen Verehrung und Anbetung von Kunstwerken konstatiert hatte; sie forderten nun nicht mehr zum Kniefall, sondern zur „Reflexionsbildung" heraus.[13] Wie merkwürdig mutet heute jene Anekdote an, von der der Kunsthistoriker Wolfgang Kemp in den 1980er Jahren berichtet: Damals war bekannt geworden, „dass eine Bauersfrau ihre gelegentlichen Stadtgänge dazu nutzte, ins Museum zu gehen und vor einem Marienbild eine kurze Andacht zu verrichten. Die Frau hatte, wie sie später erklärte, zu dieser Maria seit ihrer Kindheit gebetet. Damals stand die Skulptur in der Kirche ihres Heimatortes; später kam sie ins Museum. Eine Zeitlang beobachteten die Museumsleute das Tun der Frau ziemlich hilflos; dann entschieden sie sich, Andachten im Museum nicht zuzulassen. Die Frau wurde abgewiesen."[14] Dagegen hat der französische Kurator Jean-Hubert Martin im Jahr 2001 eine Ausstellung unter dem Titel *Altäre. Kunst zum Niederknien* in einem klassischen deutschen Kunstmuseum durchgeführt. Dort, im Düsseldorfer museum kunst palast, konnte der Ausstellungsbesucher buddhistische Mönche beim Beten betrachten – der Versuch der punktuellen Umkehrung einer scheinbar unhintergehbaren historischen Entwicklung. Die Ausleihe eines geweihten christlichen Altars war dem Museum für die Ausstellung allerdings nicht möglich.

13] Vgl. G. W. F. Hegel: Ästhetik [1832–1845], Berlin 1955, S. 499

14] Kemp 1997 (wie Anm. 4), S. 185.

Zweifellos ist der neutrale Ausstellungs- und Galerieraum, in dem jedes Werk seinen optimalen Ort, die bestmögliche Beleuchtung erhält, nicht der Raum der religiösen Erbauung. Der Alleinvertretungsanspruch des Künstlerischen, der sich im autonomen Staffeleibild historisch manifestiert hat, wurde im Zuge der Musealisierung auch auf die christlichen Werke des Mittelalters wie auf alle Formen der Kunst übertragen. Deshalb wirken das Verbot der Andacht ebenso wie die planmäßige Durchführung religiöser Zeremonien im Museum gleichermaßen forciert und anachronistisch. Aber unser Modus der Betrachtung von (alter) Kunst leitet sich unzweifelhaft aus der Sphäre des Religiösen her: Versenkung, Vertiefung, Kontemplation sind aus dem kirchlichen Kontext entlehnte Haltungen und Begriffe. Ihr heutiger Gebrauch soll nicht verschleiern, dass die Werke im Museum vor allem aufgrund der Könnerschaft ihrer Schöpfer, aufgrund ästhetischer Qualitäten verehrt werden, aber die Haltung der Verehrung ist verwandt. Schon im 19. Jahrhundert, in dieser zutiefst gespaltenen Epoche, erkannte man die Analogie von Sammlungs- und Sakralraum. Das Museum als „ästhetische Kirche" ließ den Akt der Beraubung vergessen, der mit der Translozierung der Werke von der Kirche ins Museum verbunden war.

Heute können wir die Grenzen erkennen, innerhalb deren sich die meisten an unseren Museumswänden angebrachten Bildrealitäten bewegen. Das ehemalige religiöse Andachtsbild ist komplizierter, als das gerahmte, versetzbare Galeriegemälde uns ahnen lässt.[15] *Wir sehen dich* fügt dem vielperspektivischen Ensemble der Karlsruher Sammlung eine neue Dimension hinzu. Miroslaw Balka bestreitet dem ästhetisch abgesicherten, autonomen Kunstbegriff die alleinige Gültigkeit – und befindet sich damit in Einklang mit der diskontinuierlichen Geschichte der Karlsruher Sammlung. Denn dieses vielgliedrige Ensemble erfordert wechselnde Perspektiven in einem Bild, wenn z. B. Realitätsmischungen zwischen dem Heiligen und dem Banalen in einer Kreuztragung mit Zuschauern zusammenwirken; oder wenn Fragmente eines größeren Zusammenhangs eine neue Werkeinheit ergeben, die dem christlichen Bedürfnis nach Sinntotalität nicht mehr entspricht.[16] Es erfordert aber auch, in dem Equilibrium einer sorgfältig geformten musealen Präsentation das historisch Ungleichzeitige und Unvereinbare zu erkennen. Dies kann durch kunsthistorische Forschung geschehen und als Kommentar formuliert,[17] es kann aber auch mit den Mitteln der Kunst erfahrbar gemacht werden.

Schon aus der religiösen Sphäre wissen wir, dass jenen Bildern die größte magische Kraft zugesprochen wird, die sich nicht immer zeigen, sondern sich phasenweise der Anschauung entziehen. Aus dem Wechselspiel von Entzug und Sichtbarkeit, wie es bei einem Flügelaltar im liturgischen Gebrauch erlebt werden kann, entwickelt sich eine Spannung, die den gläubigen Betrachter emotional ergreift und ihn auf die Gegenwart einer höheren Macht einstimmt.[18] Die Dialektik von Zeigen und Verbergen, von Verhüllen und Enthüllen ist auch eine der Kunst inhärente Dialektik. Wir sehen genauer hin, wenn unser Blick verstellt ist. Wenn das Sehen beeinträchtigt oder behindert wird, entfaltet es seine ganze Stärke.

Wir sehen dich verhandelt das Sehen unter Bedingungen: Balkas Kunstraum ist ein System, das den Betrachter auf Abstand hält, die Überwindung einer Distanz ist nötig. Gleichzeitig ist die Grenze durchlässig, die Gitterstäbe lassen die Blicke hindurchgleiten, verflechten das Innen mit dem Außen und umgekehrt das

15] Hofmann 1998 (wie Anm. 6), S. 16.

16] Wolfgang Kemp: Christliche Kunst. Ihre Anfänge. Ihre Strukturen, München/Paris/London 1994, S. 18.

17] Ein wissenschaftlicher Gesamtkatalog der altdeutschen Meister in der Karlsruher Kunsthalle wird derzeit von Anna Moraht-Fromm für die Publikation vorbereitet.

18] Vgl. Horst Bredekamp: Der simulierte Benjamin. Mittelalterliche Bemerkungen zu seiner Aktualität, in: Frankfurter Schule und Kunstgeschichte, hg. von Andreas Berndt u. a., Berlin 1992, S. 119.

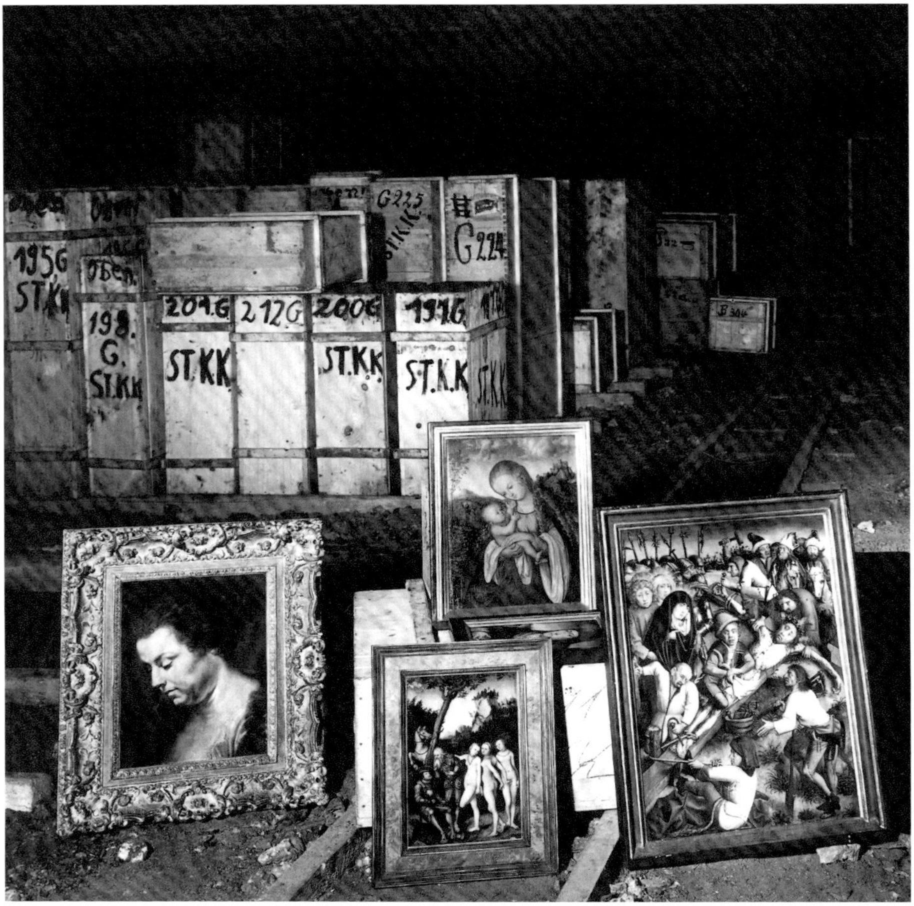

[3]

Gemälde aus der Sammlung der Kunsthalle Karlsruhe
Salzmine Heilbronn, unbekannter Fotograf, 1945

Außen mit dem Innen. Sie erlauben gegenläufige Achsen des Blickes: von Balkas Werk auf die Bilder des Museums und deren Betrachter sowie zurück vom Museumsraum zu Balkas Werk und die darin „ausgestellten" Besucher. Die Durchgänge mit den kreisenden Ventilatoren betonen die Körperlichkeit des Betrachters auf der Schwelle und das Moment der Bewegung als Raum erschließende Handlung. Damit ist der Betrachter aufgefordert, mehrere Rollen einzunehmen: Sehen und Gehen ergänzen sich zu einem dynamischen Wahrnehmungs- und Handlungsmodell, zu einer Erfahrung, die die Beziehung des Betrachters zu den Sinnesangeboten des Museums vielfältig auslegt und damit neu definiert.[19] Kontemplation und Reflexion als Modi der musealen Wahrnehmung werden unterbrochen und ergänzt durch Momente der aktiven Teilhabe, durch eine körperliche Erfahrung, die im Hier und Jetzt vollzogen wird.

Diese Rezeptionshandlungen können eine Brücke schlagen zwischen heutiger musealer Wahrnehmung und einem anderen Gebrauch der Bilder. Die Begegnung von Balkas Installation mit den Werken der altdeutschen Kunst öffnet einen Erfahrungsraum, der sich als ferne Erinnerung an die alten Formen der Bilderfahrung im Sakralraum begreifen lässt: an die Bewegung im Kircheninneren, an das Überwinden von Schwellen und an die aus dem Alltag herausgehobene Form der Aufmerksamkeit, die sich aus dem eingeschränkten Sehen ergibt. Aber aktive Teilhabe in Form von physischer Begehung und wechselnder Fokussierung schlägt bei Balka nicht in spirituelle Initiation um. Dem Künstler gelingt es vielmehr, die museale Wahrnehmung aus der Unverbindlichkeit des bloß ästhetischen Verhaltens herauszuheben und ihr den Rang eines unabgeschlossenen Geschehens zu verleihen. Dieses aktive Prinzip der Verwandlung von Vergangenheit in Gegenwart hat Balka immer wieder auf Orte des politischen Gedächtnisses bezogen und damit Erinnerung – trotz aller Skepsis gegenüber der Darstellbarkeit von Geschichte – zugänglich gemacht. Mit *Wir sehen dich* markiert Miroslaw Balka einen unbekannten Ort, von dem aus das Museum als Gedächtnisraum neu erfahrbar wird.

19] Vgl. Beate Söntgen: Raumfiguren in Bewegung, in: Brassat 2006 (wie Anm. 5), S. 296ff.

Miroslaw Balka

Wir sehen dich

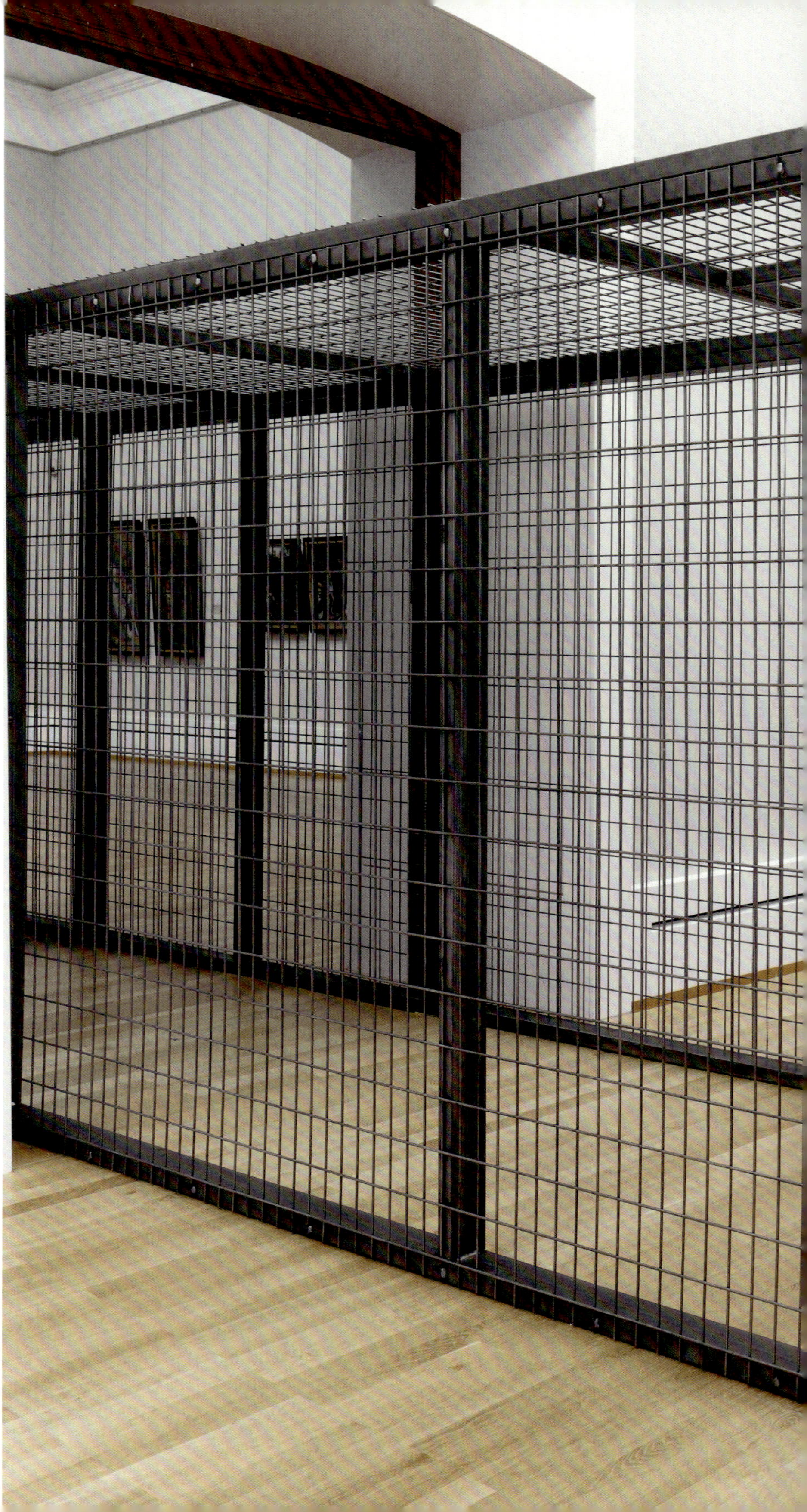

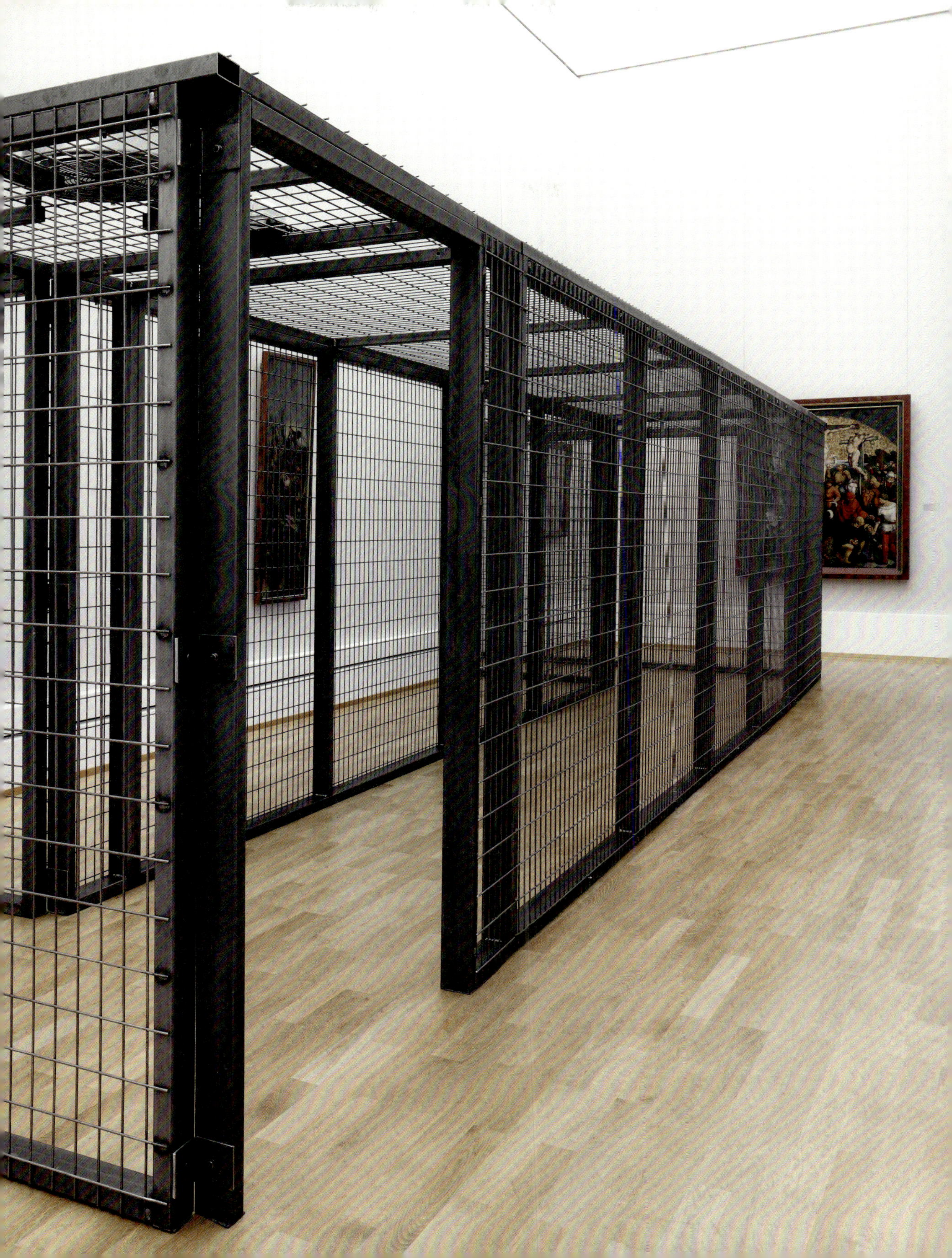

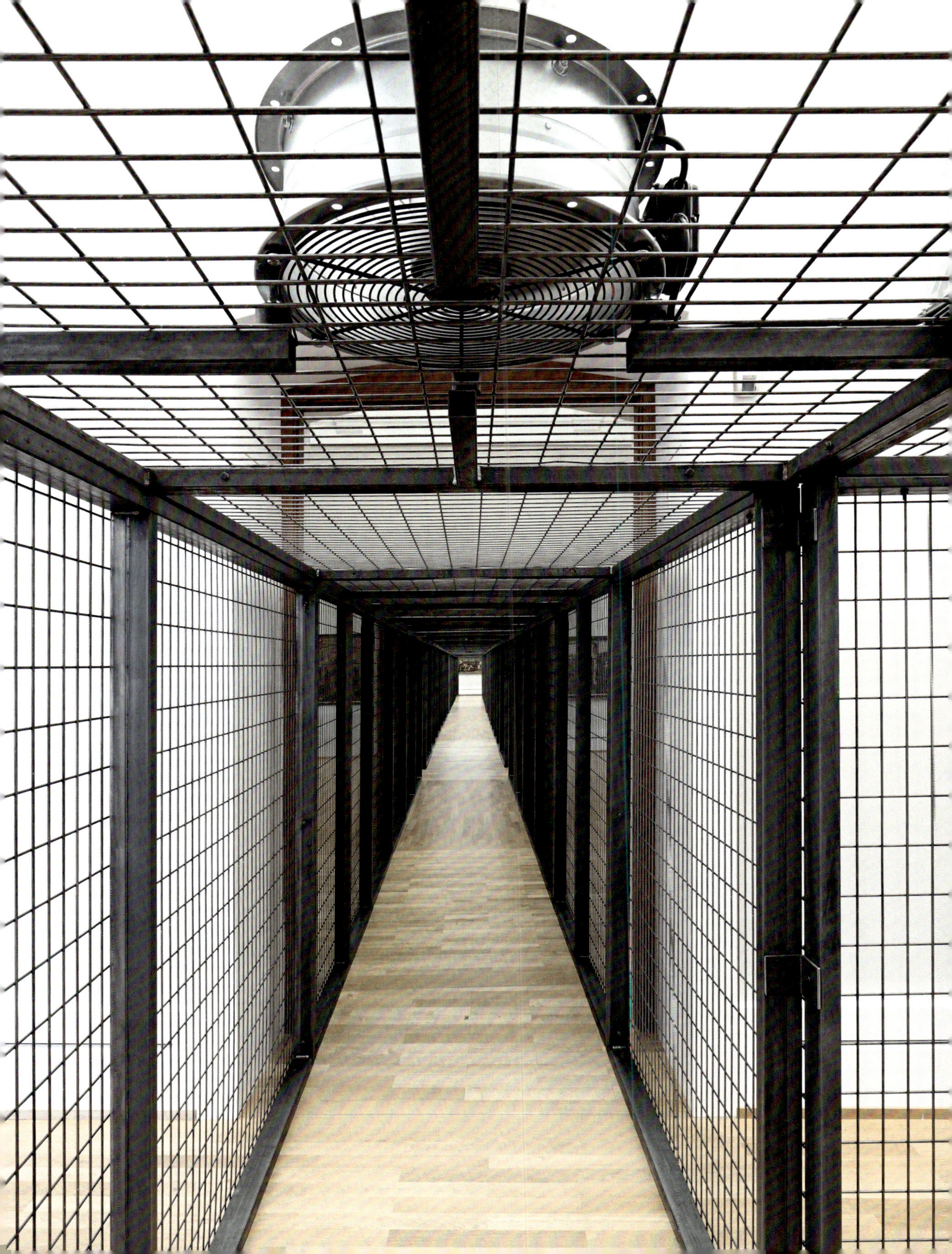

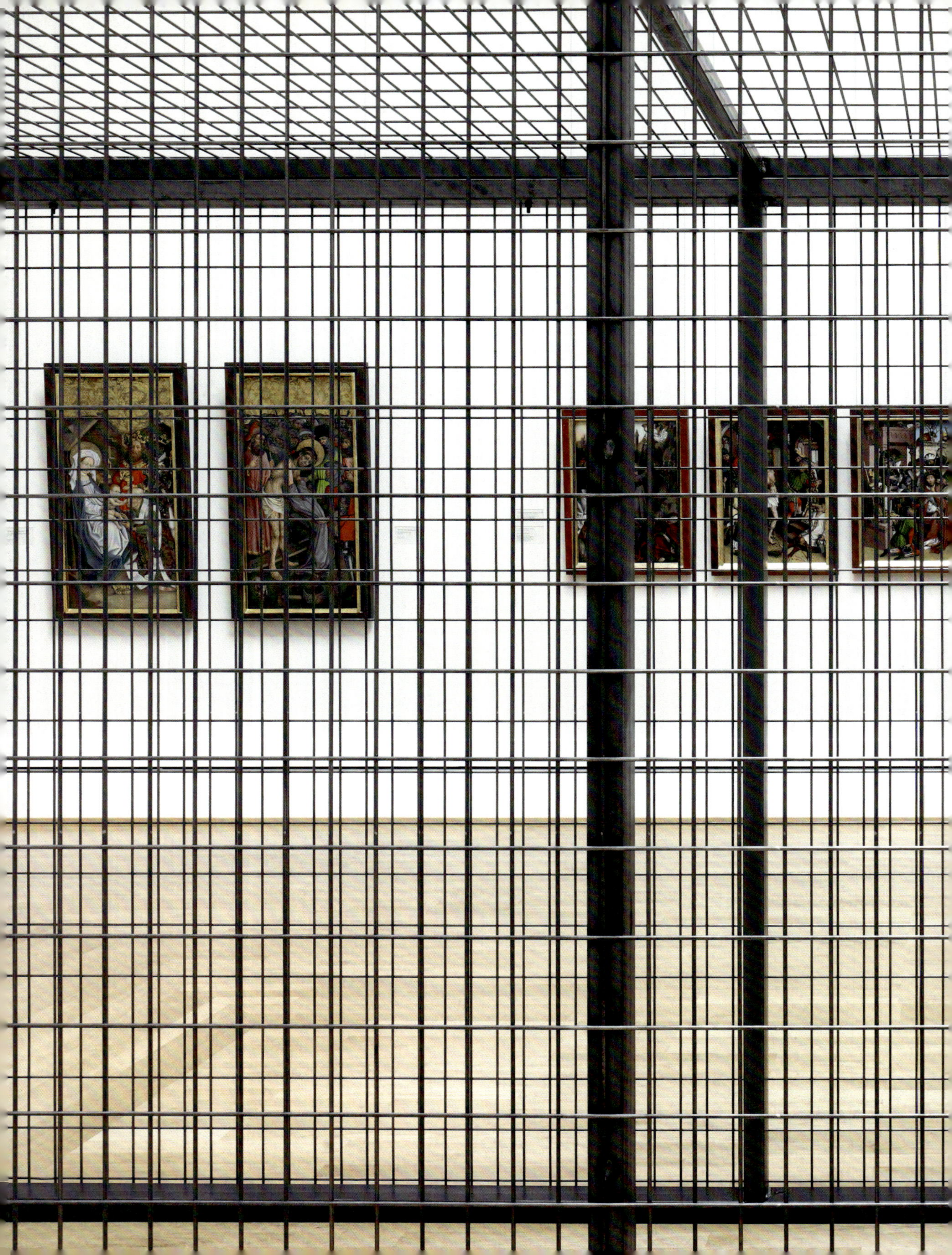

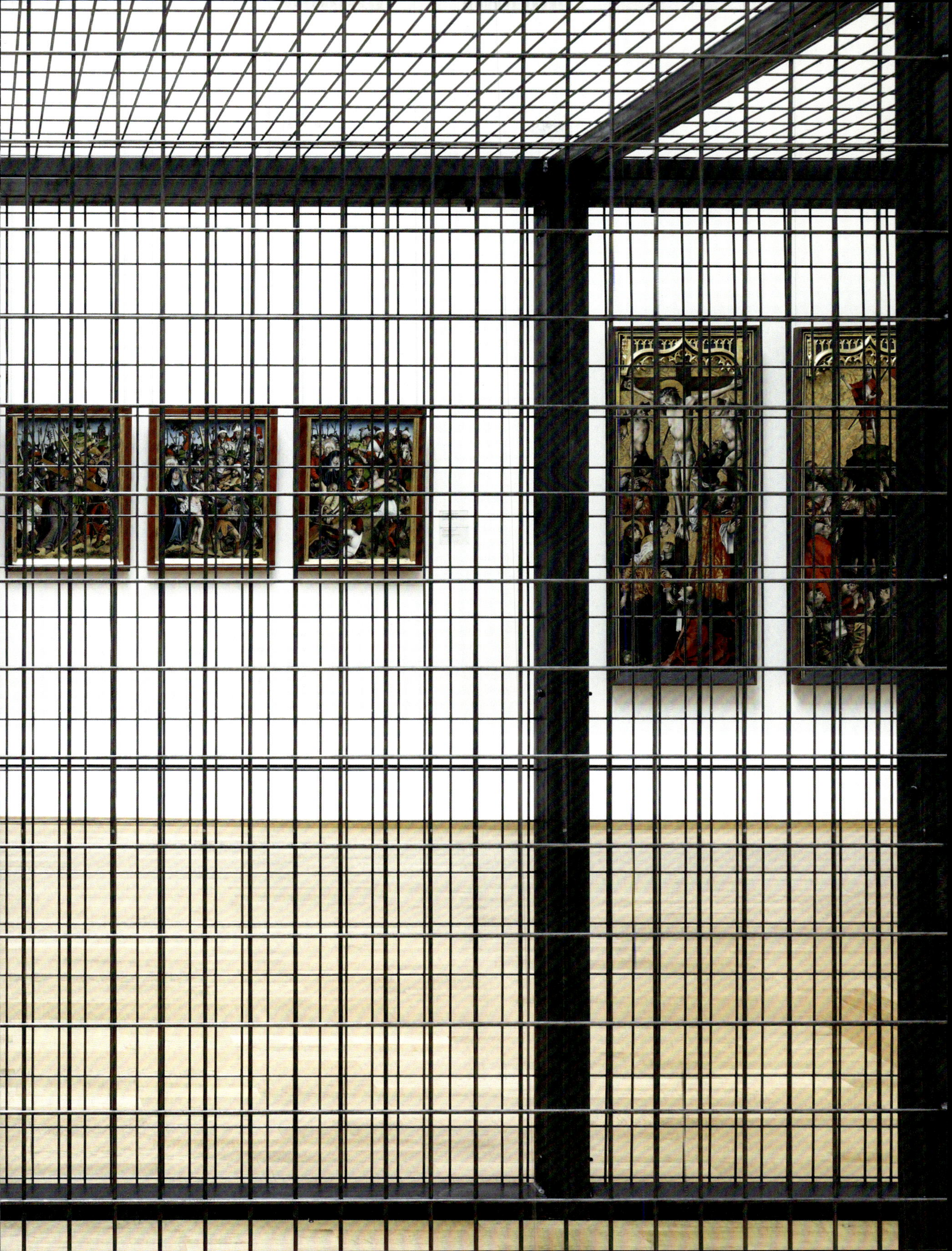

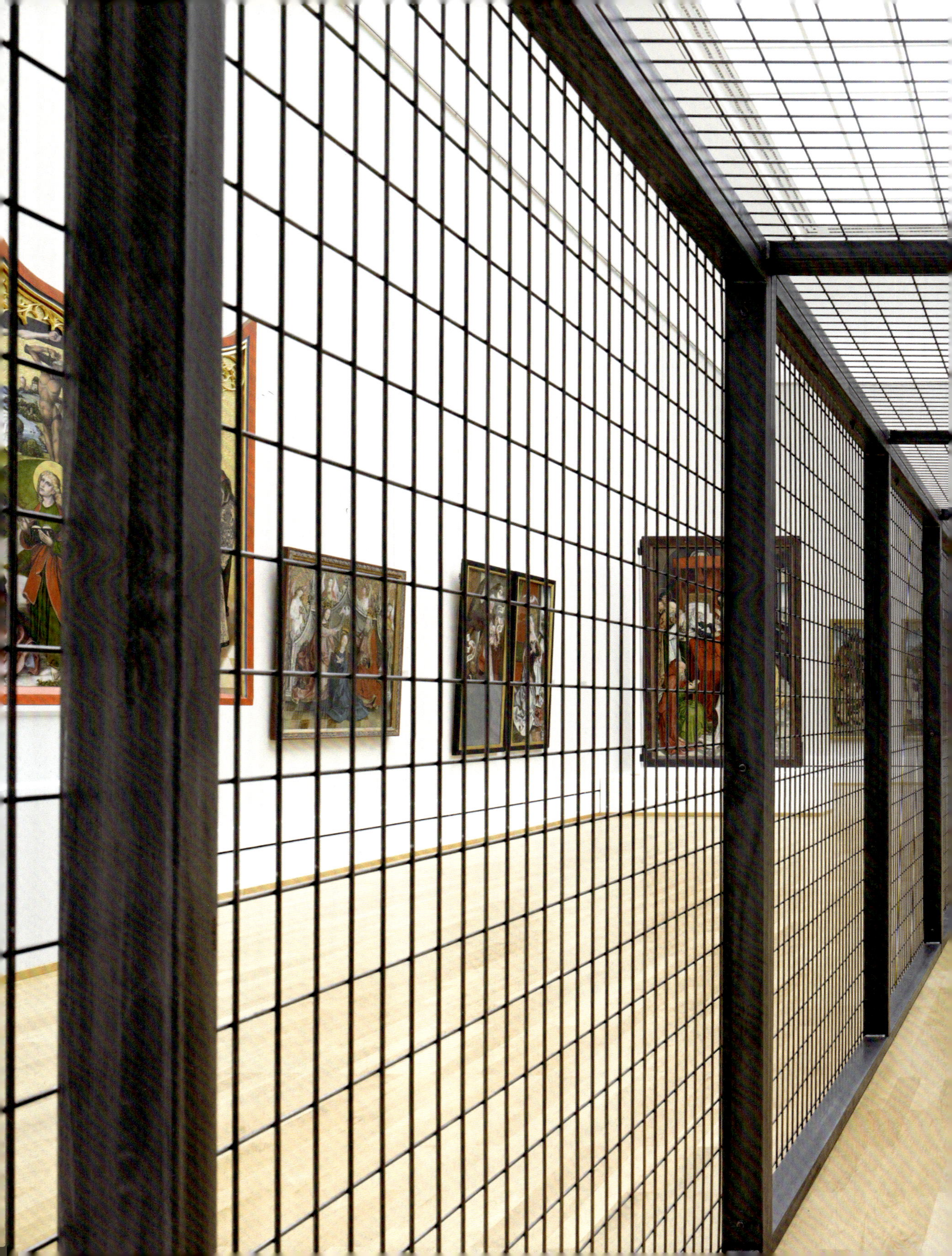

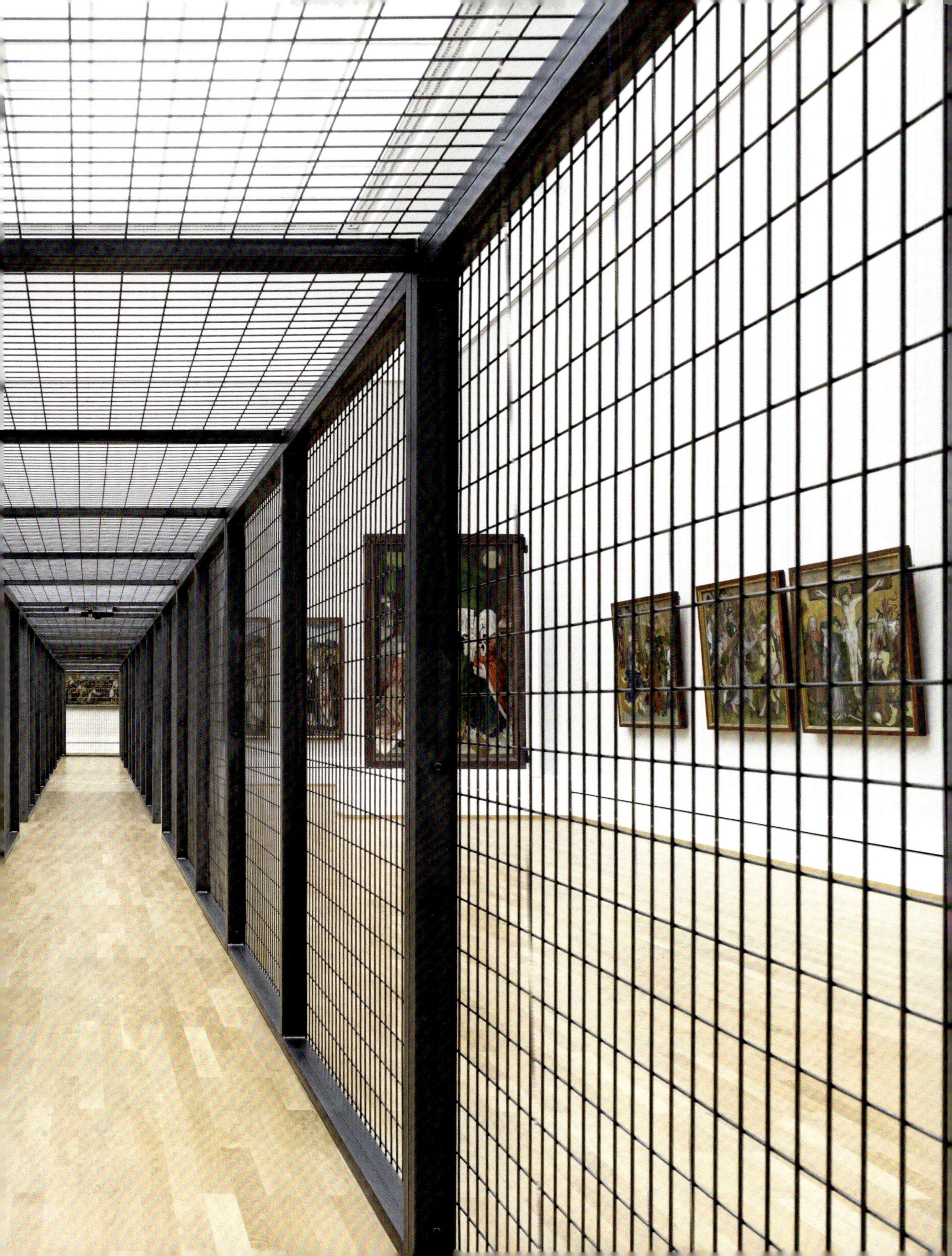

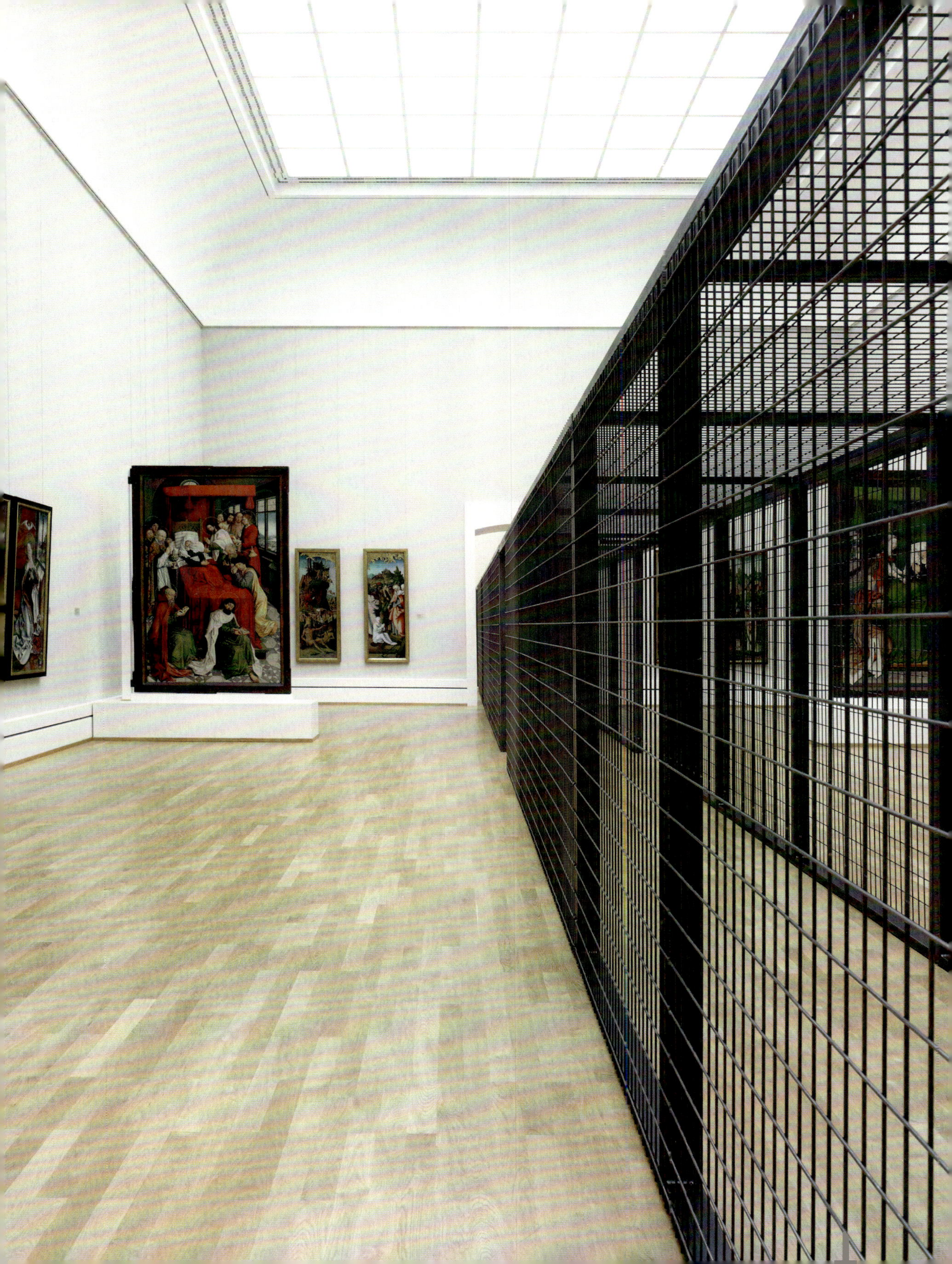

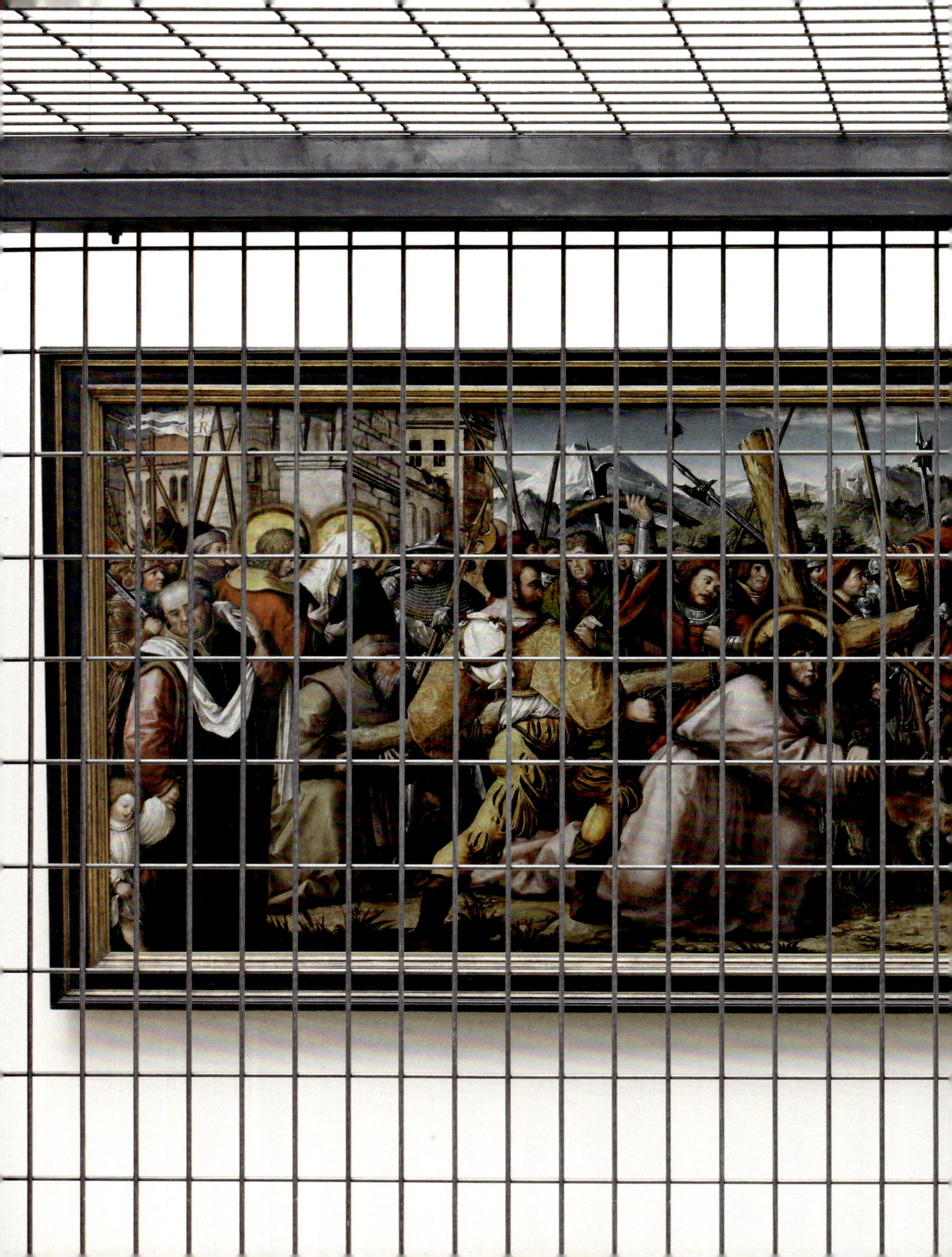

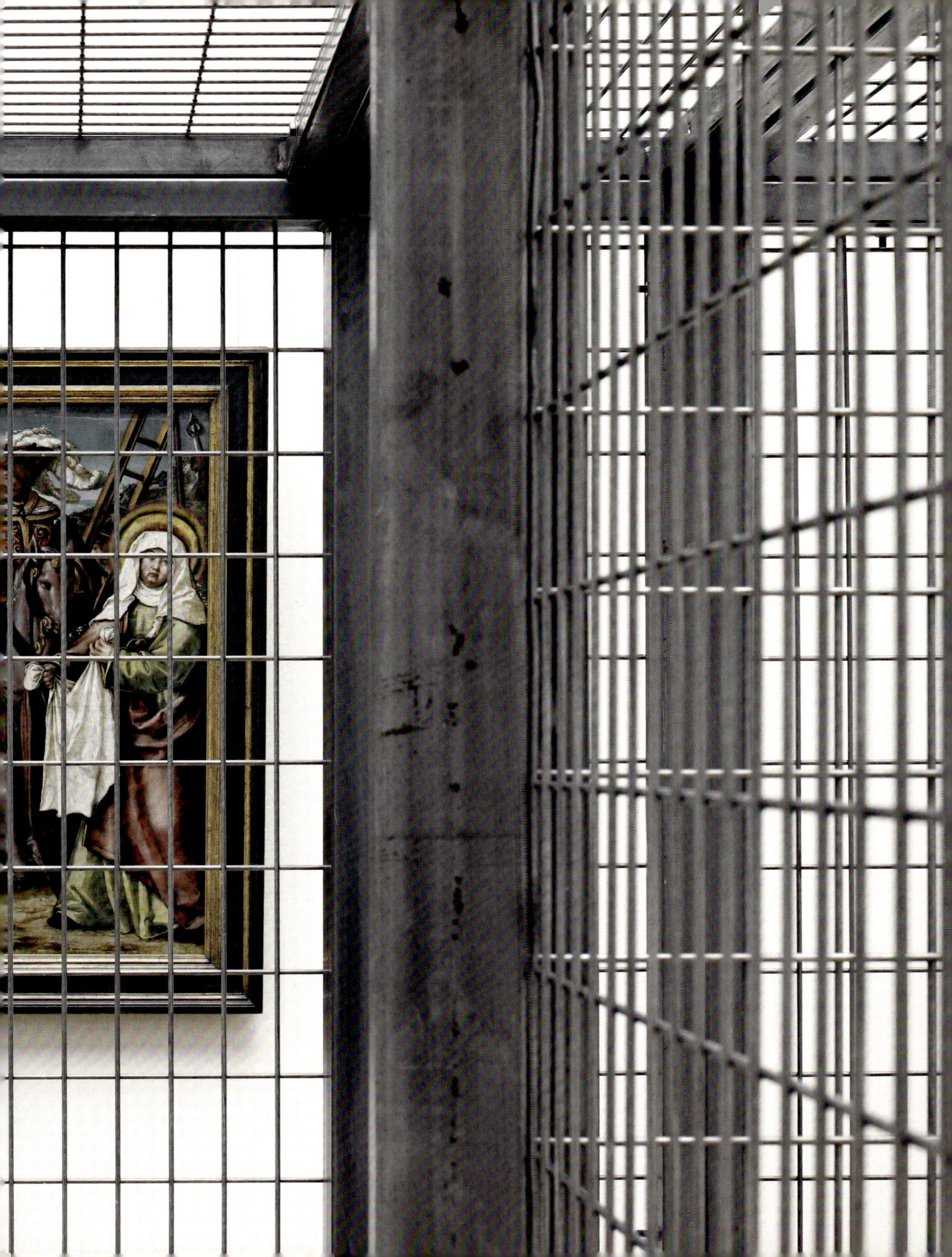

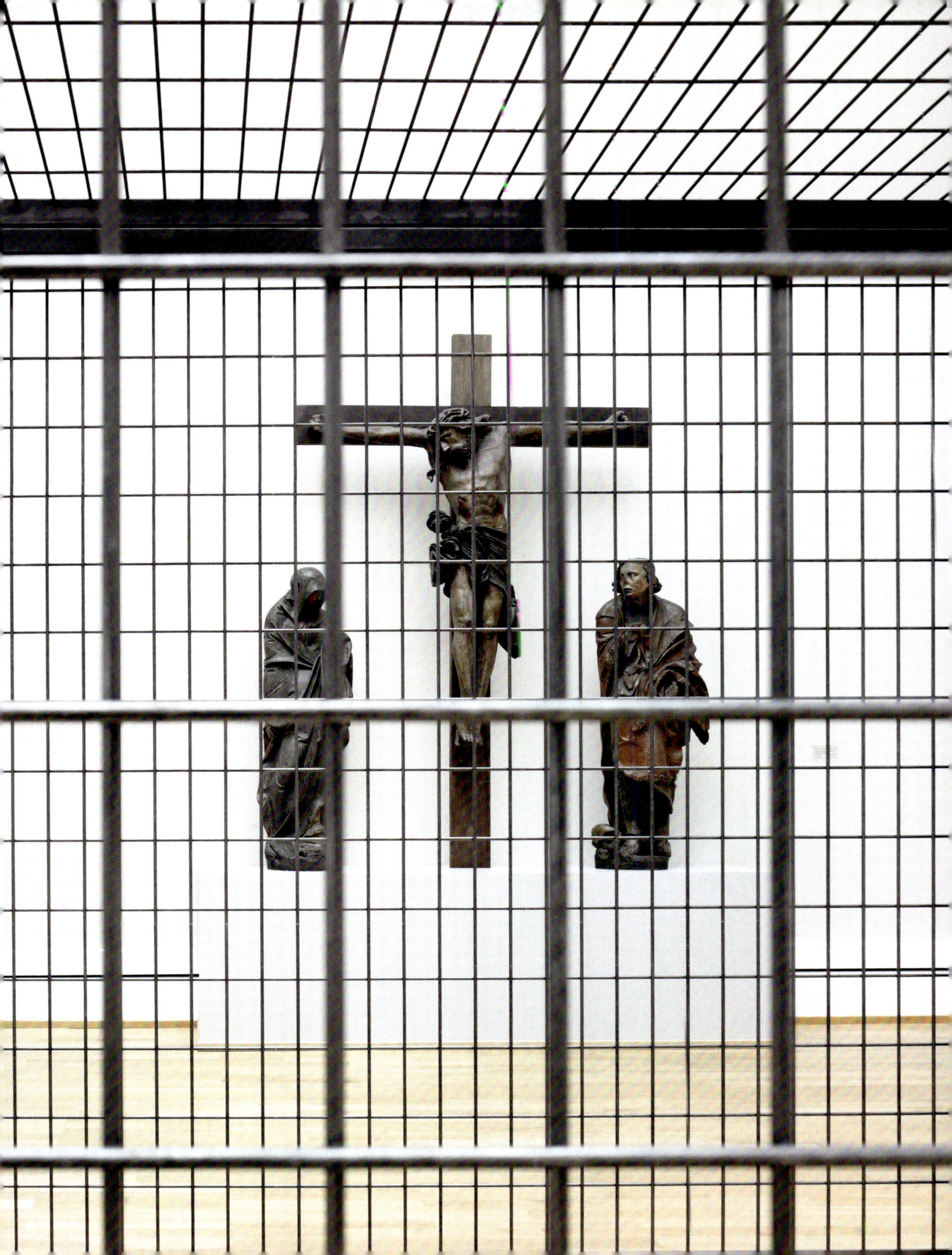

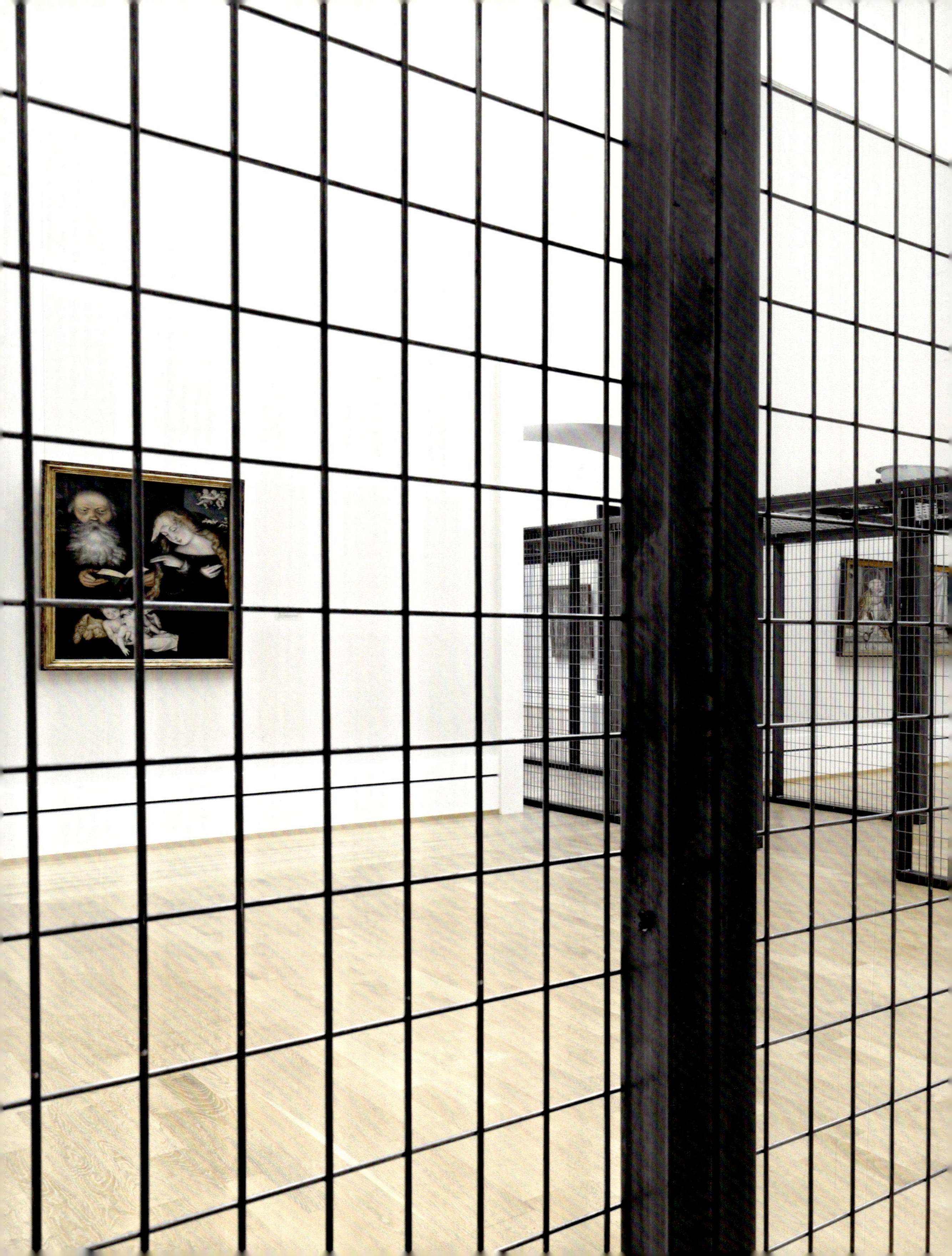

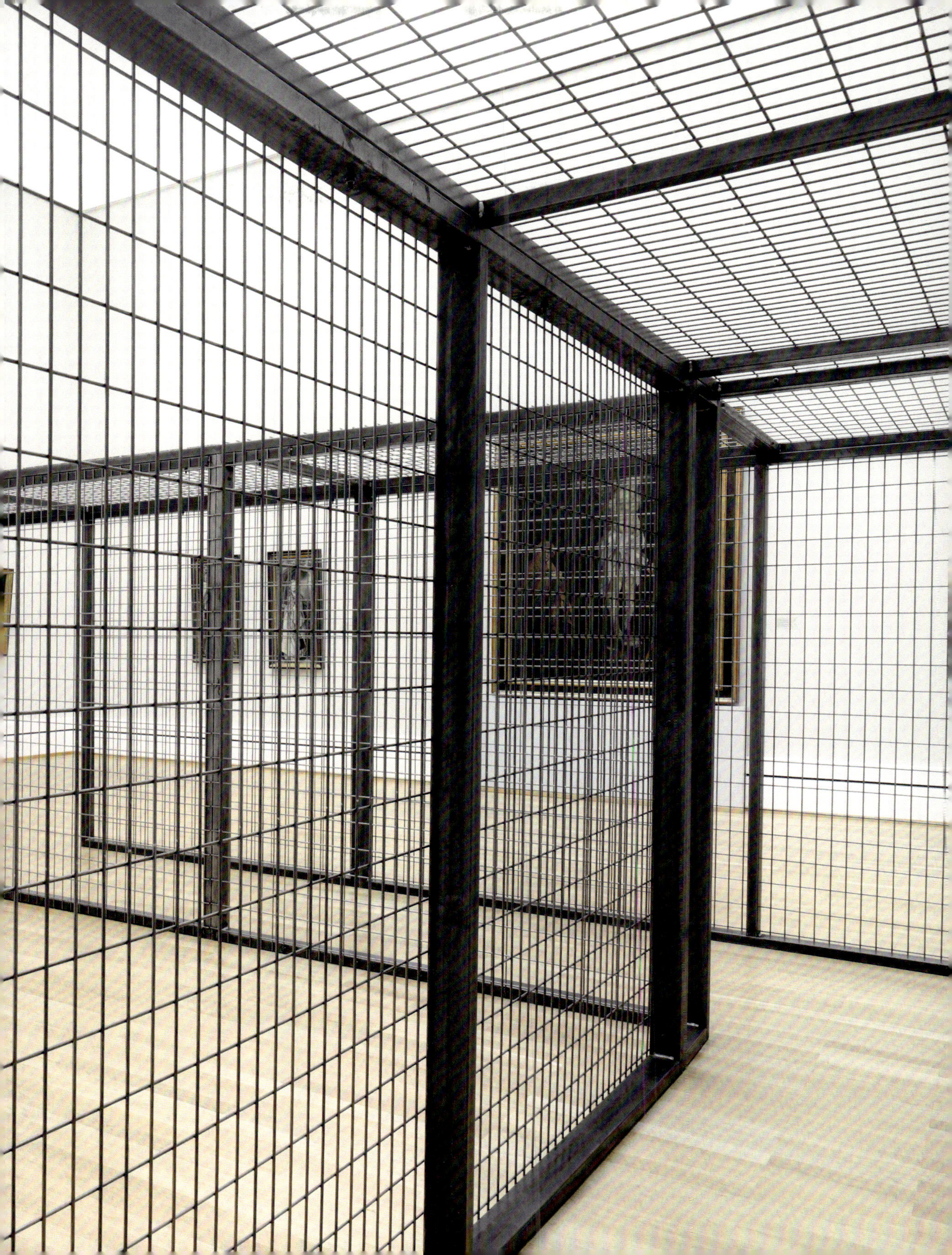

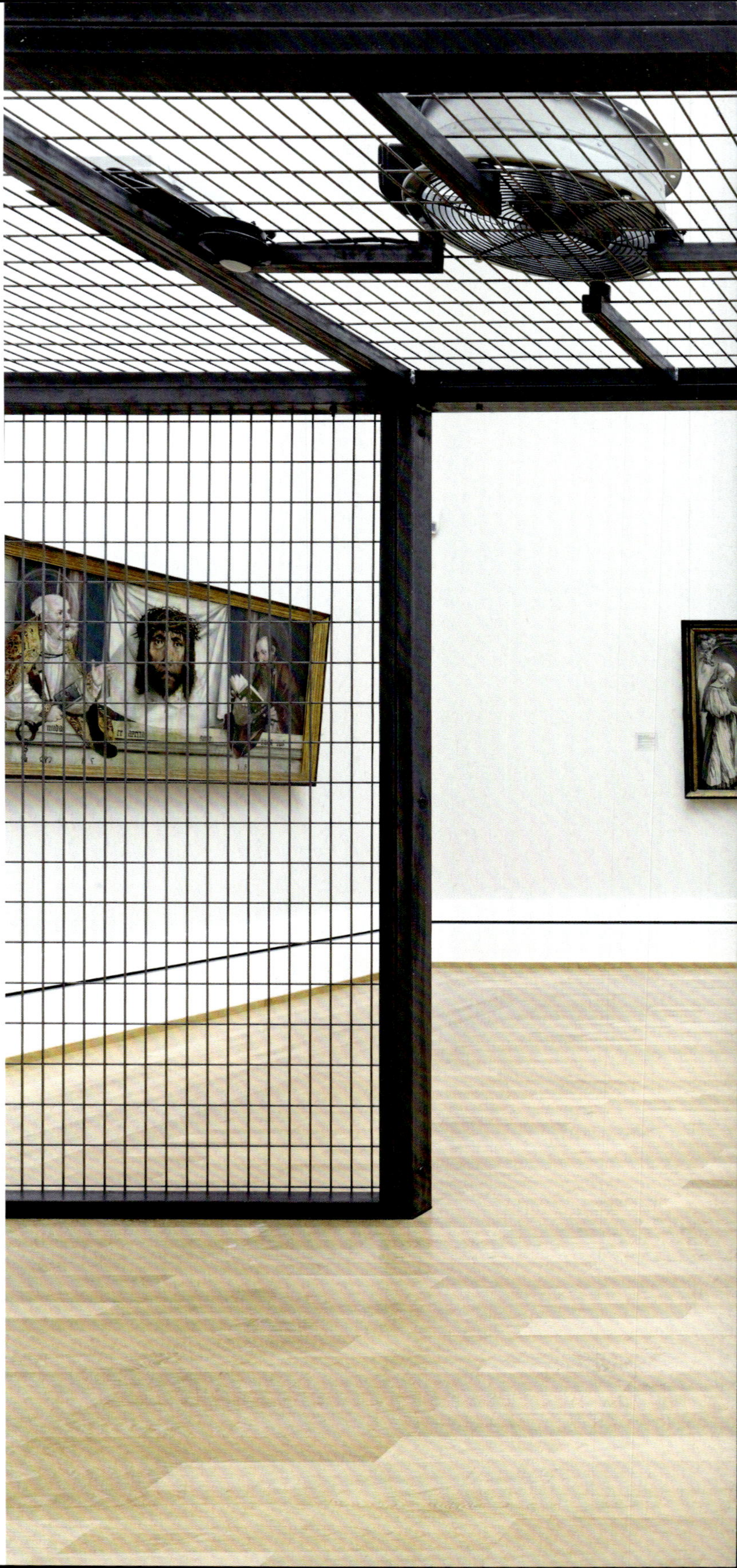

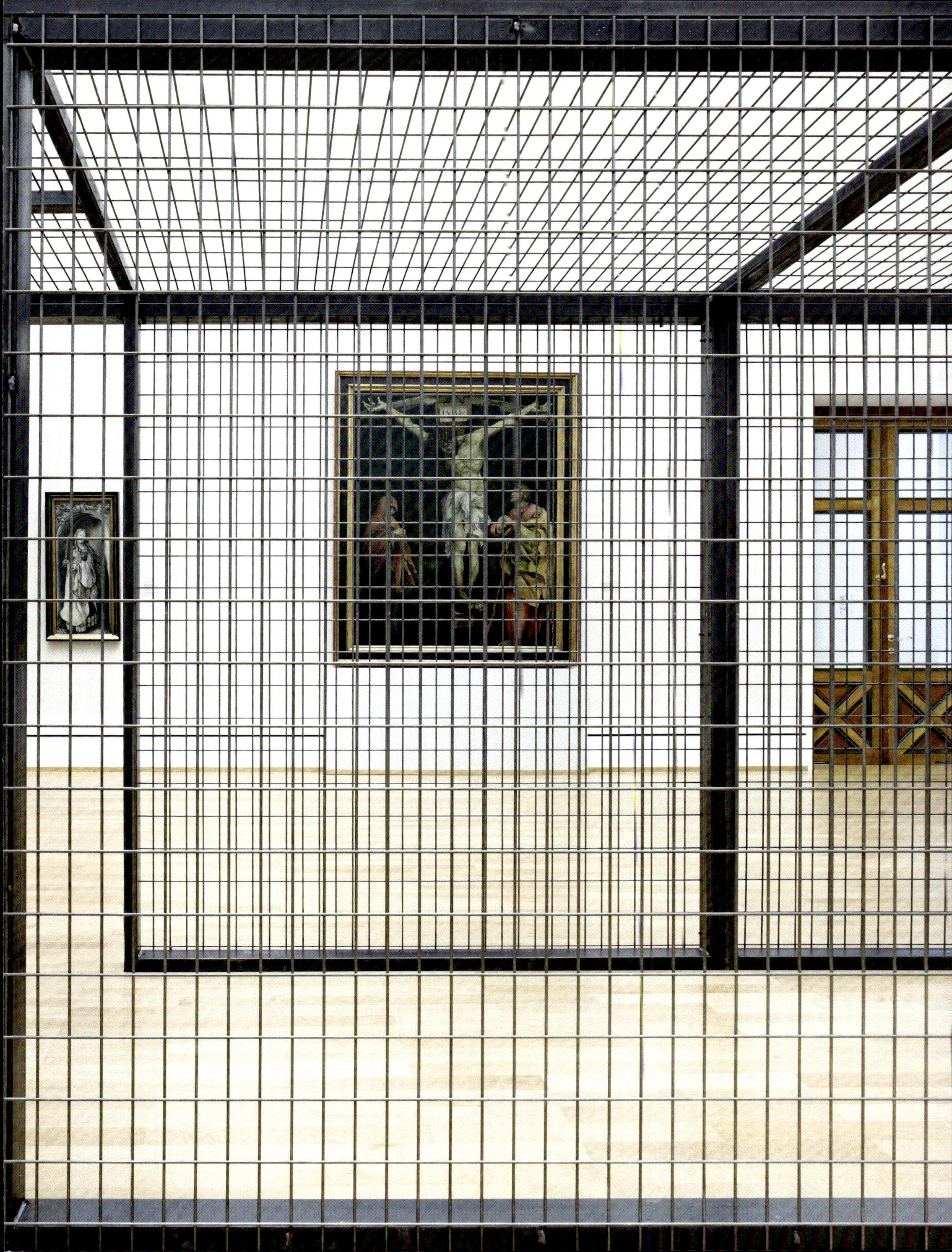

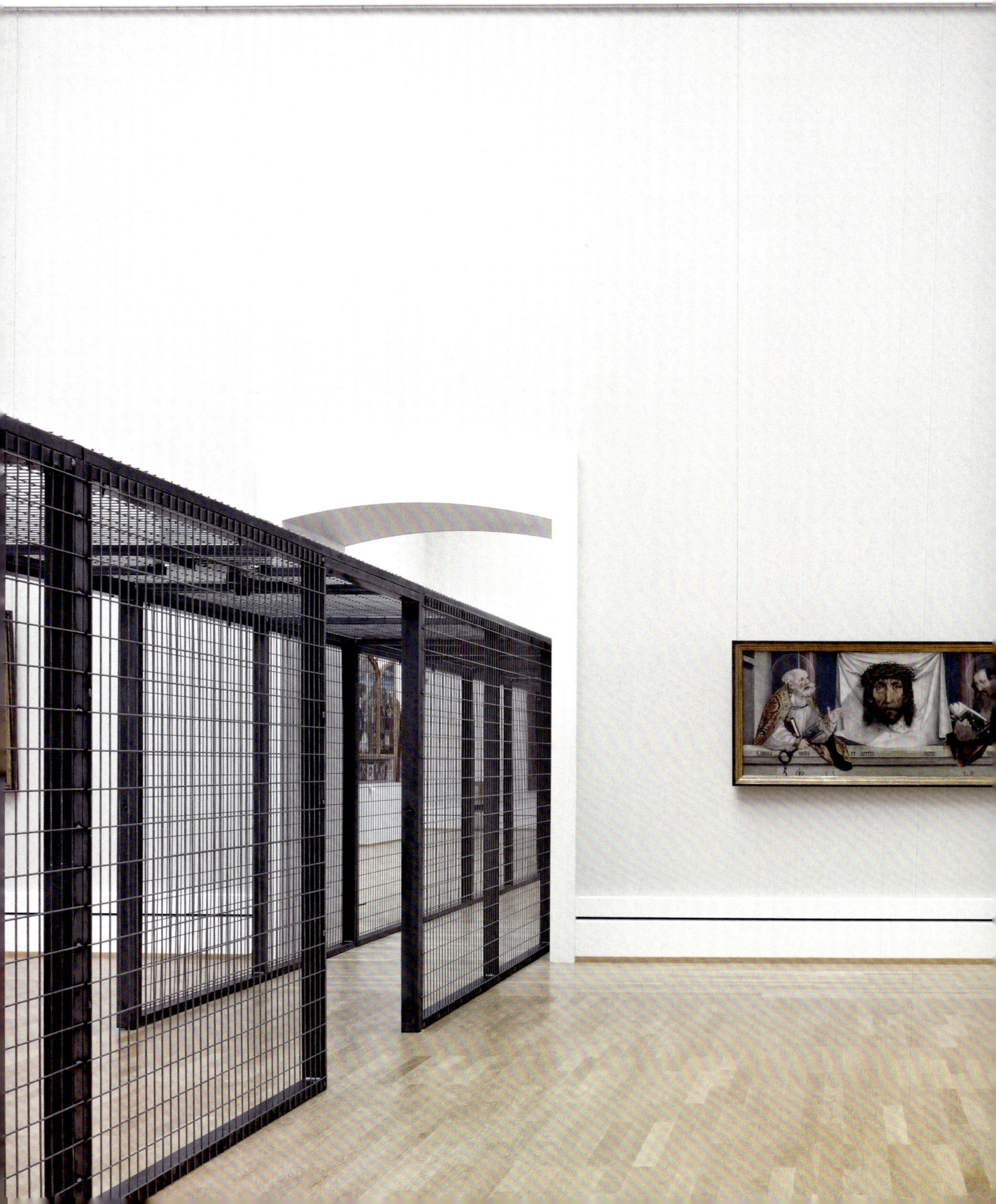

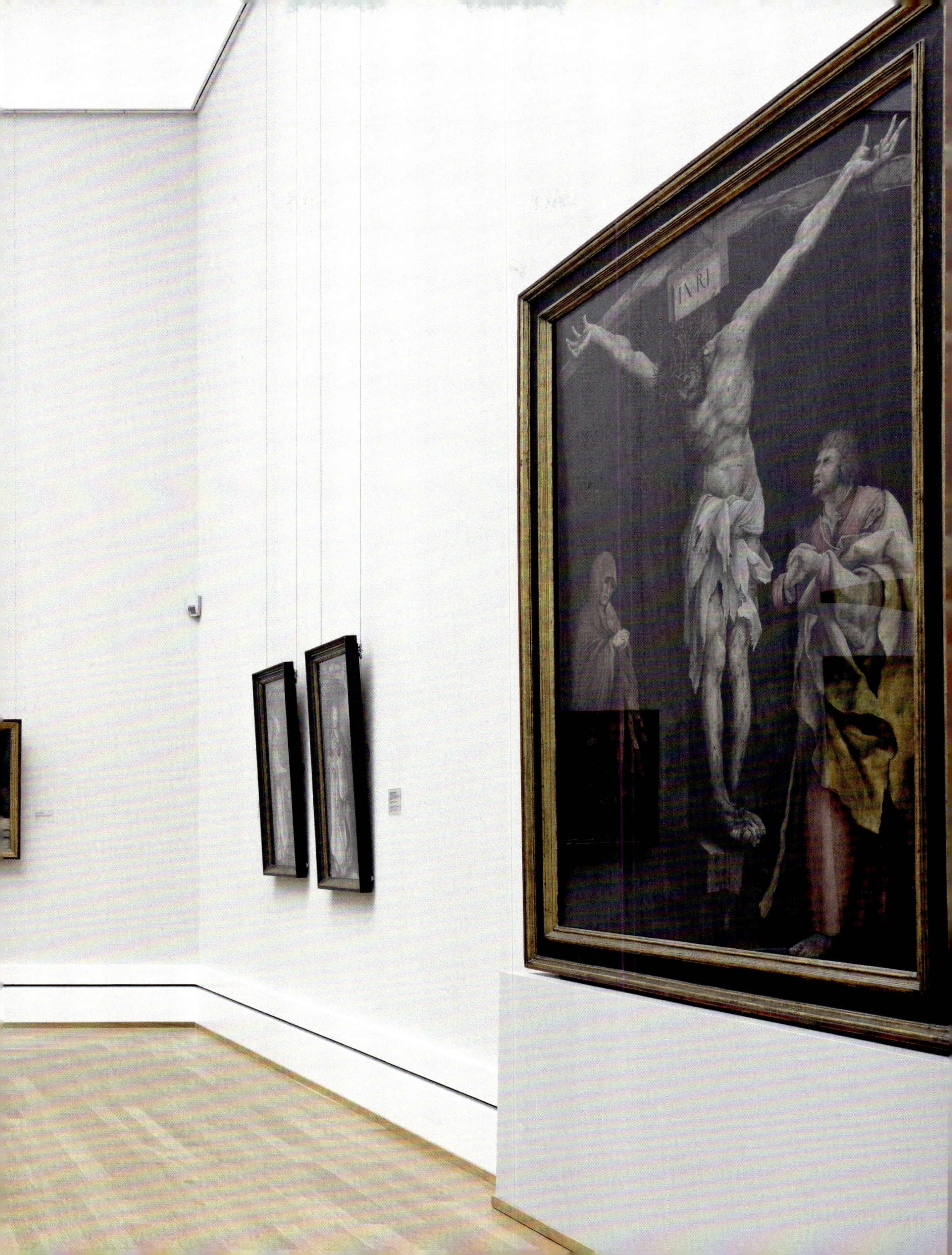

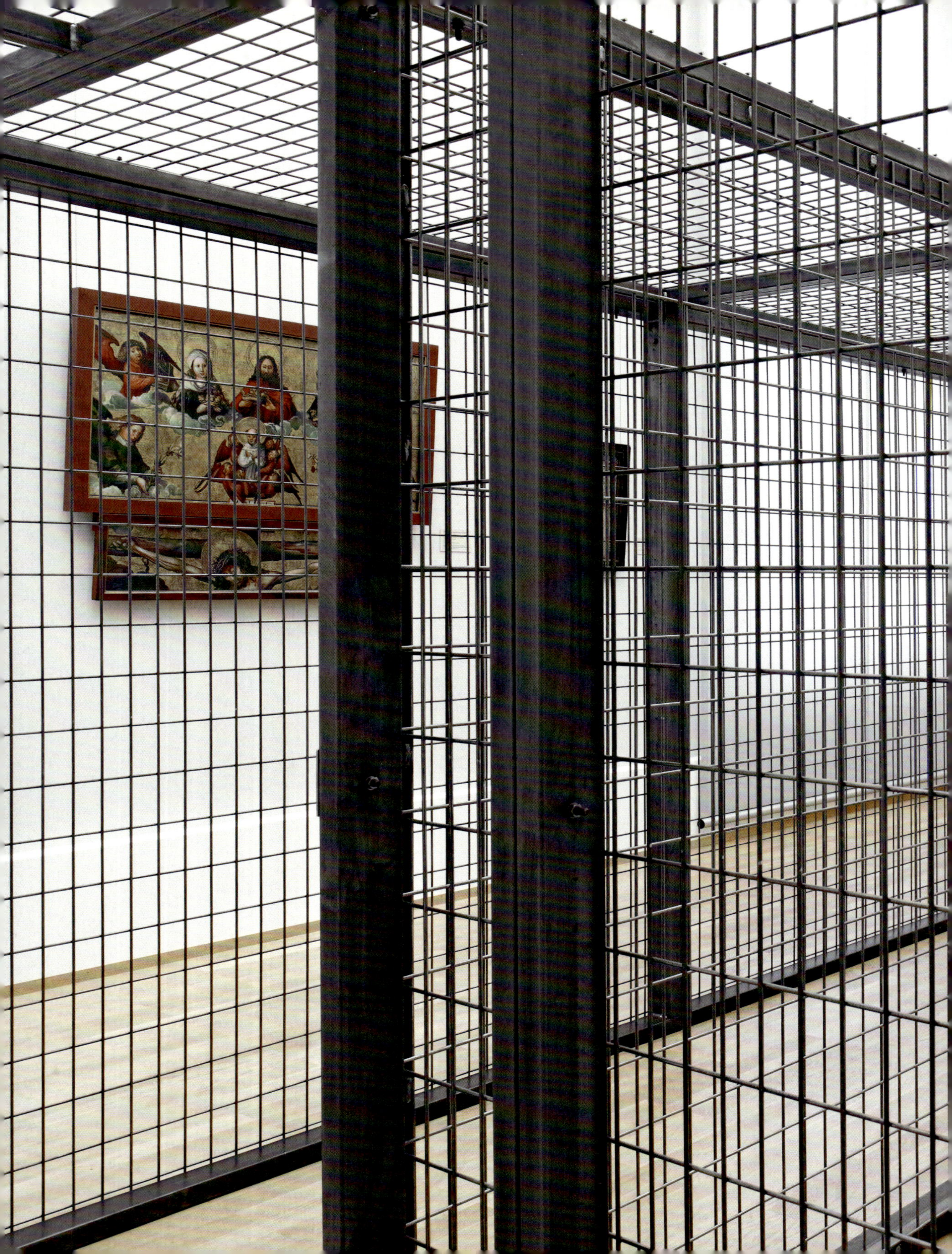

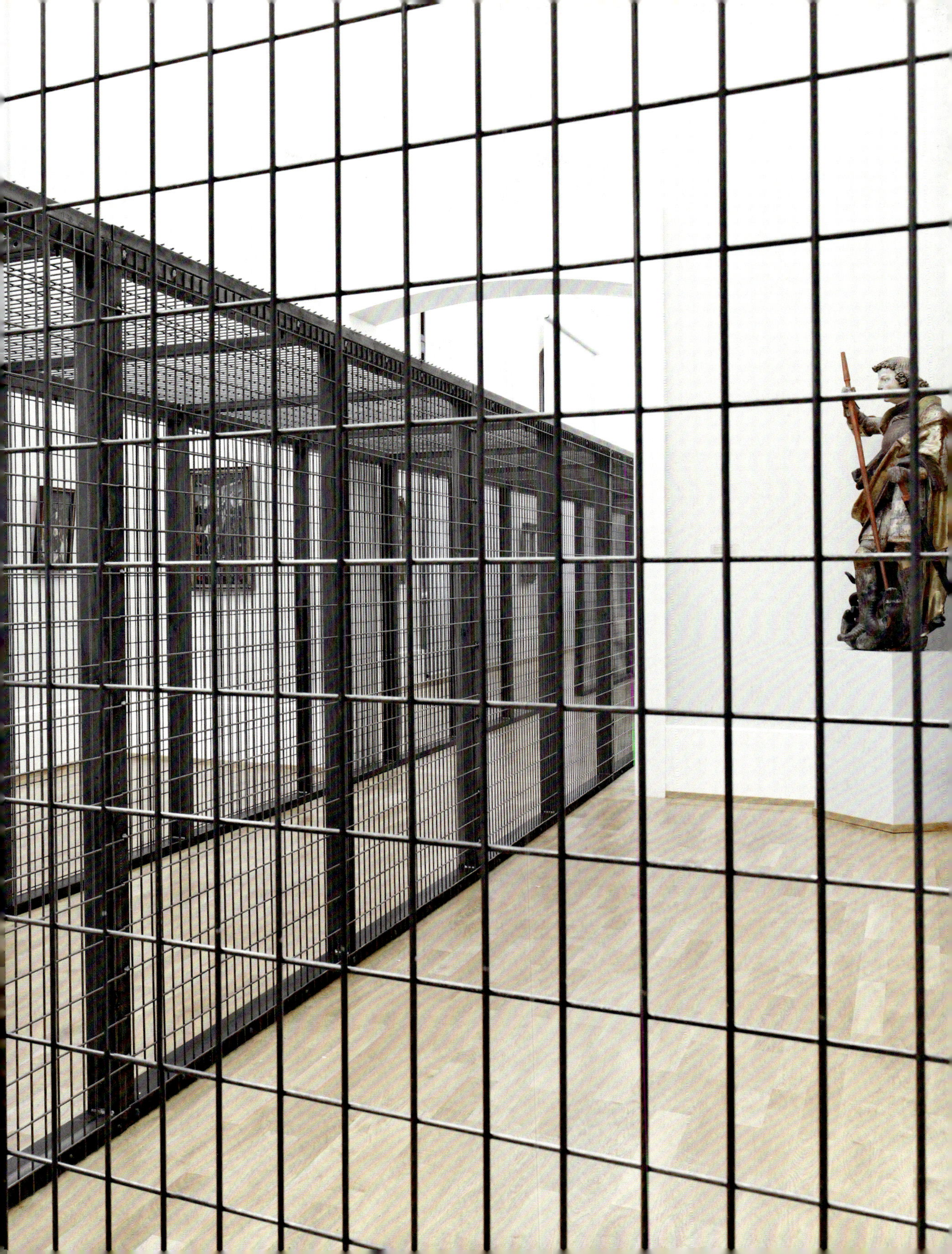

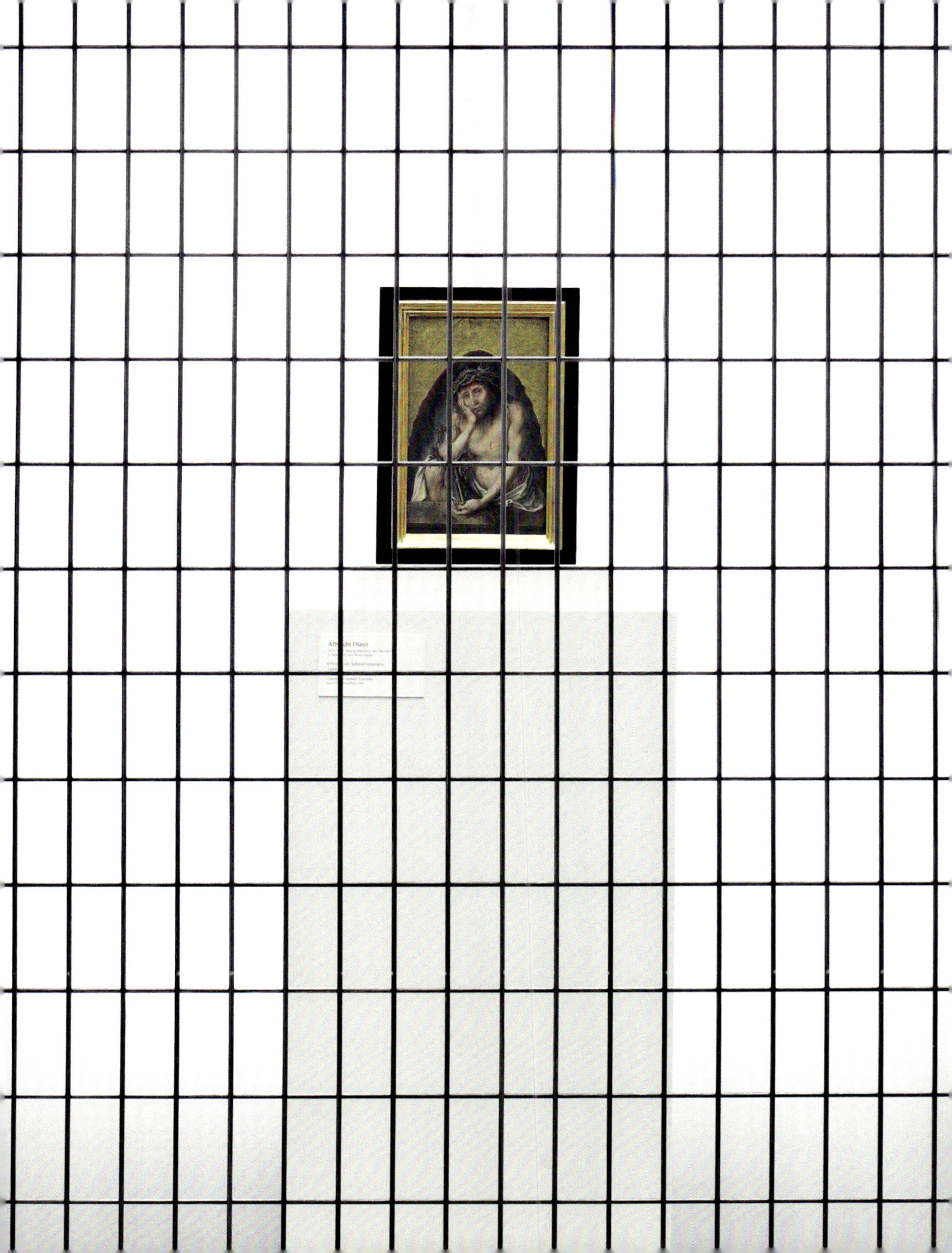

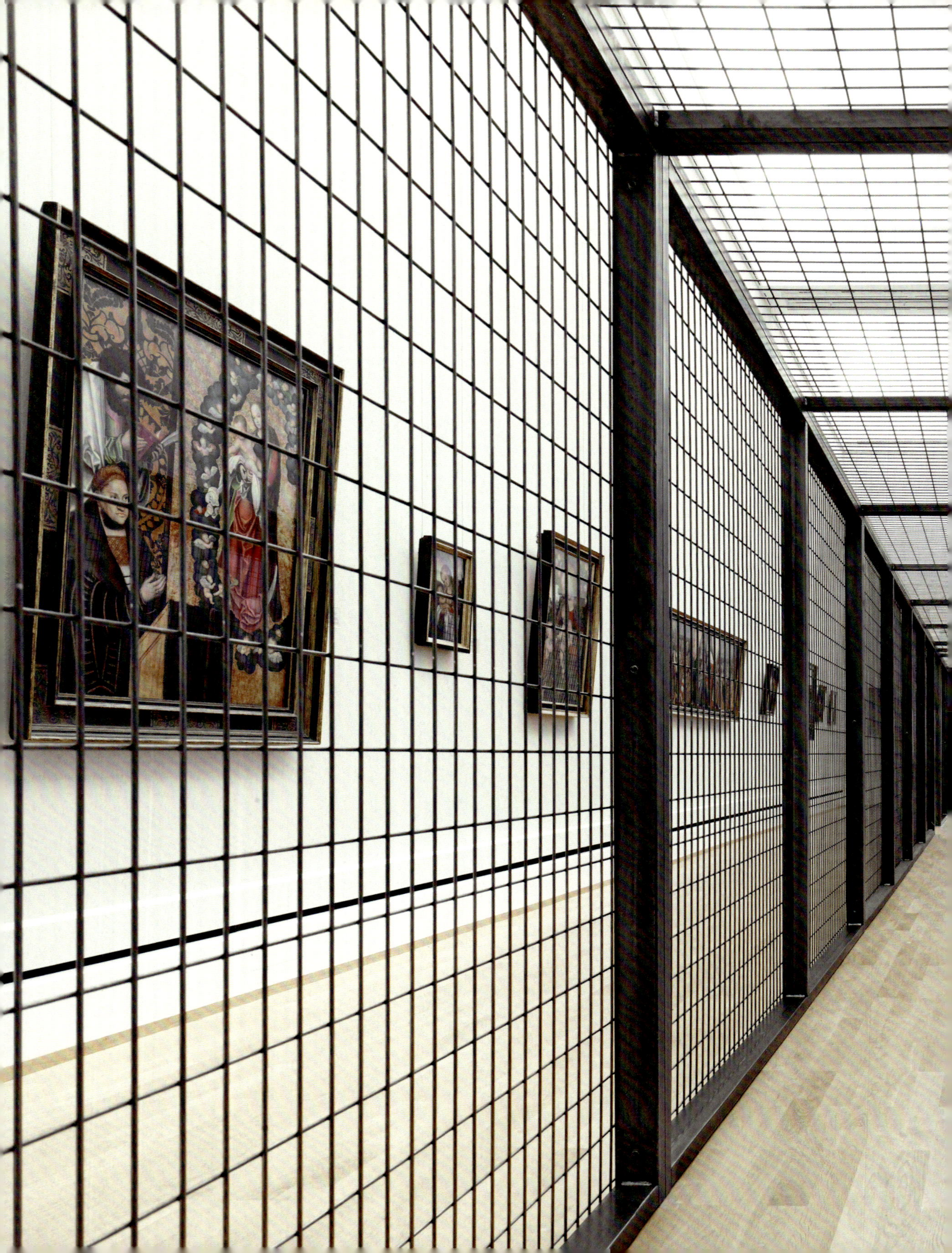

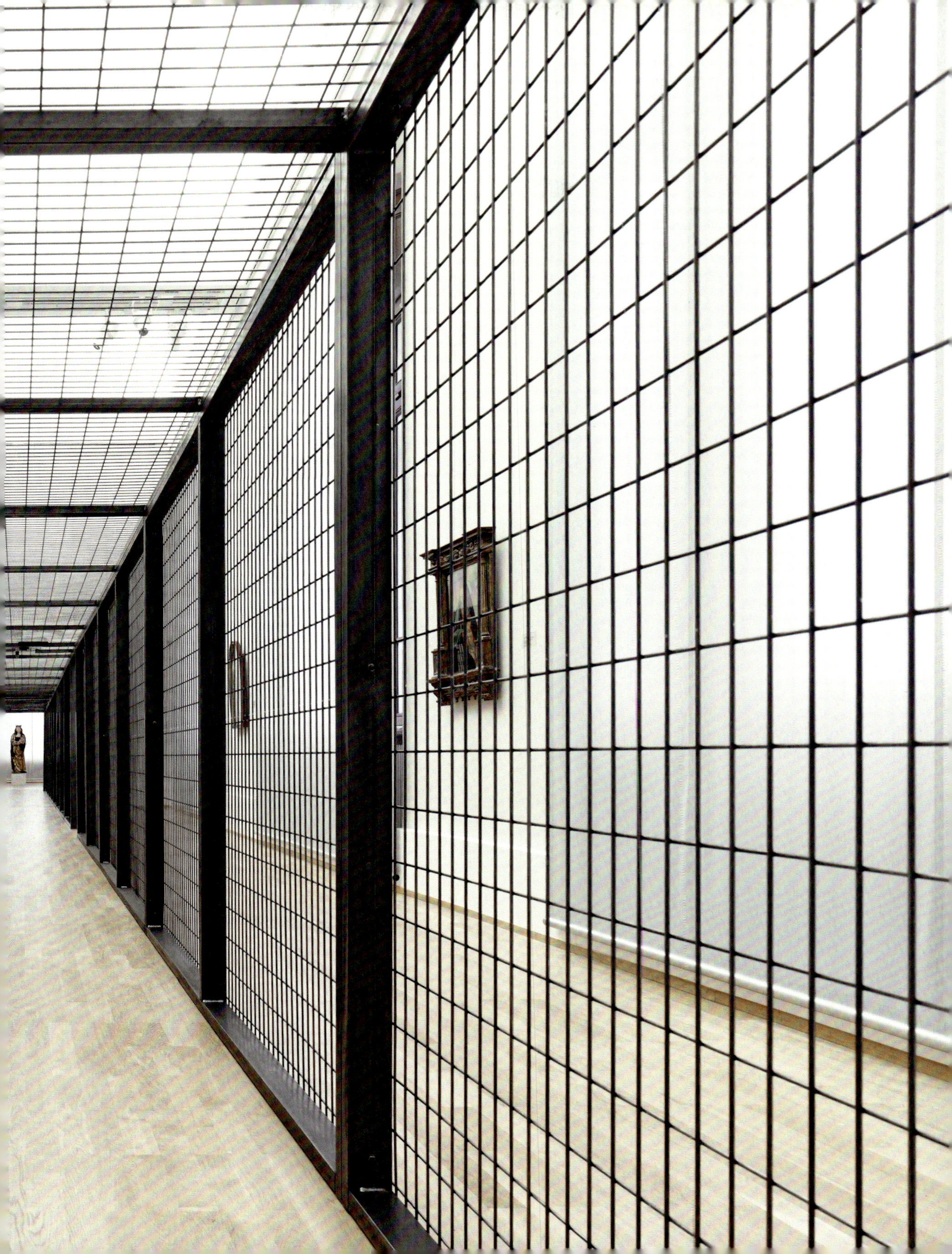

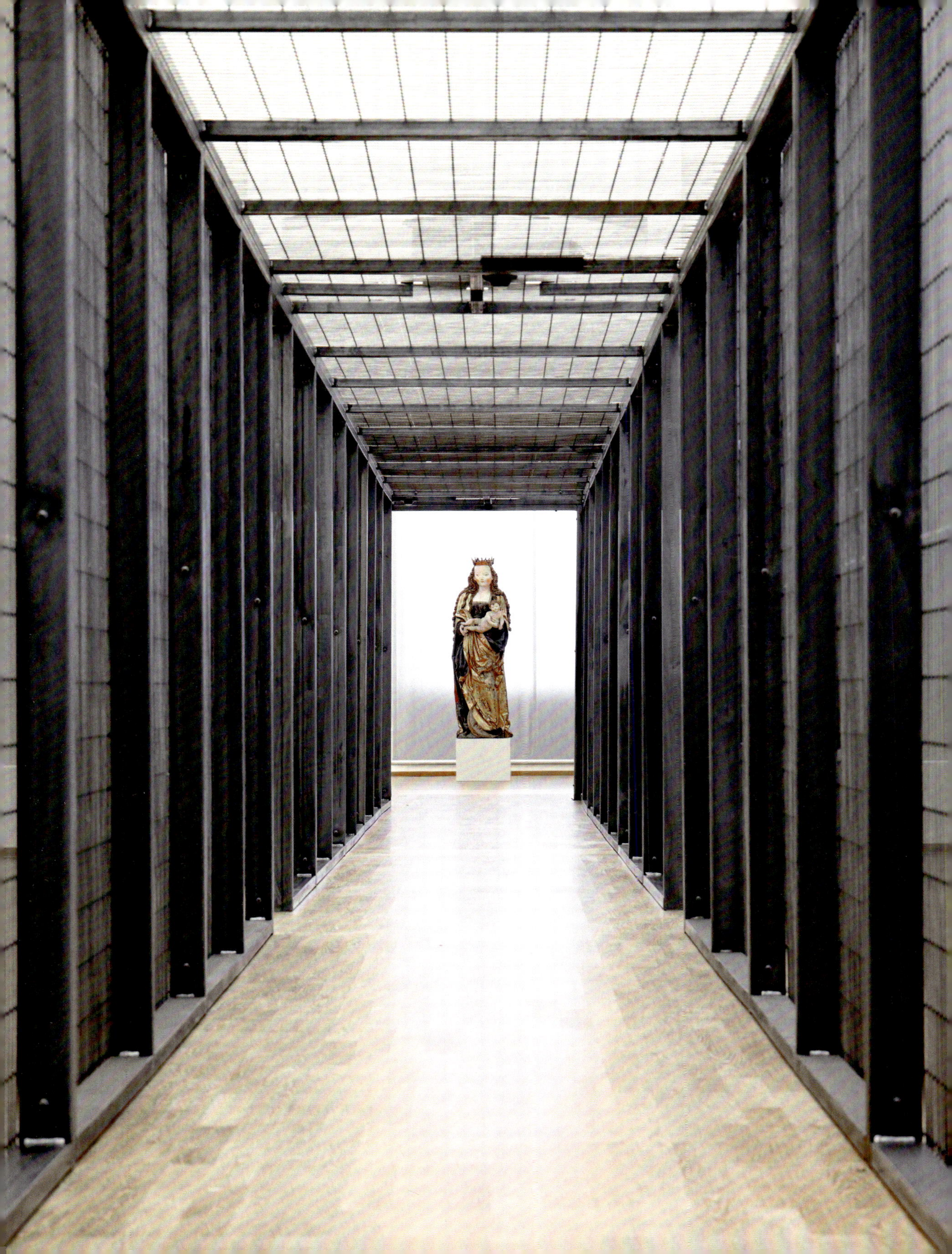

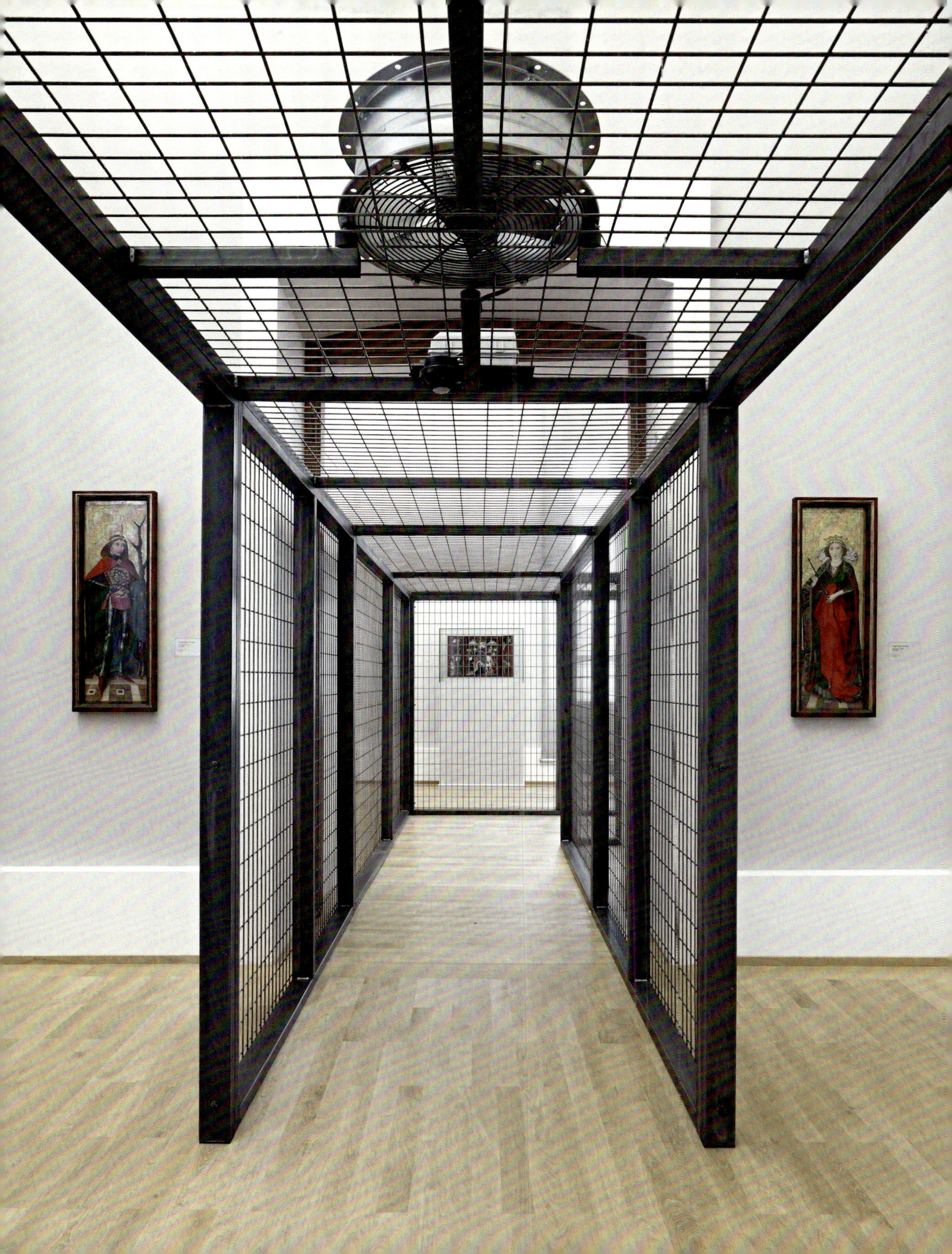

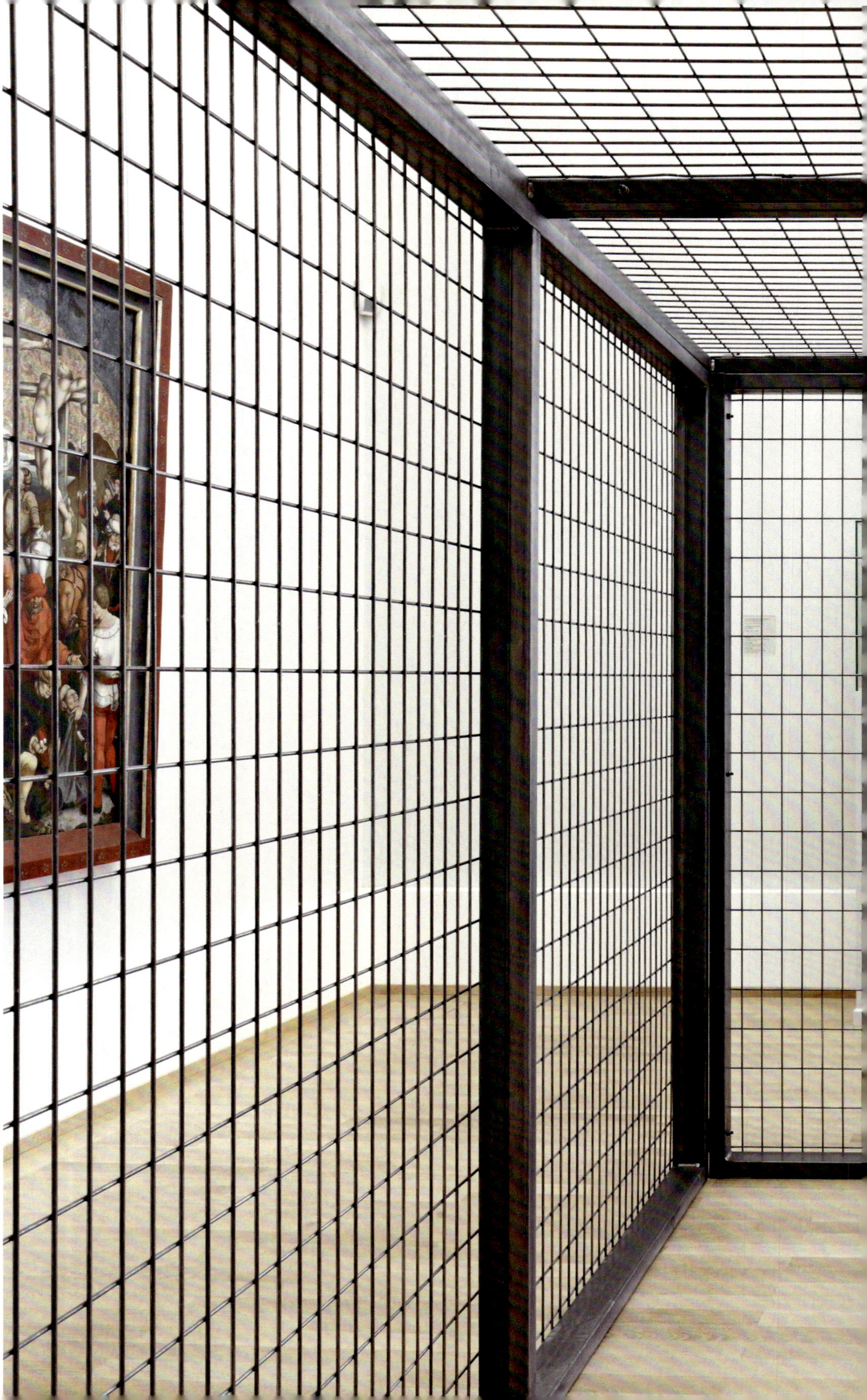

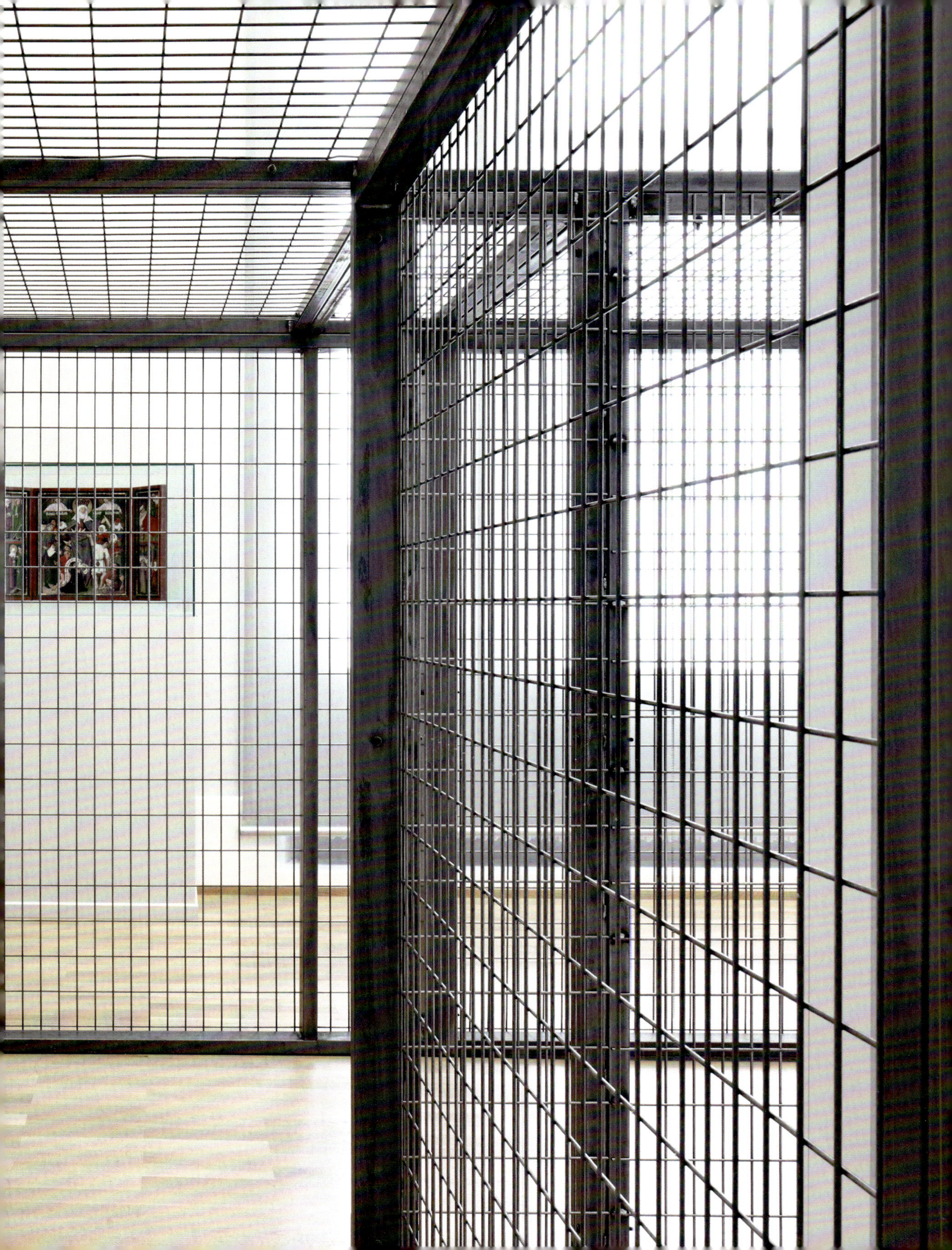

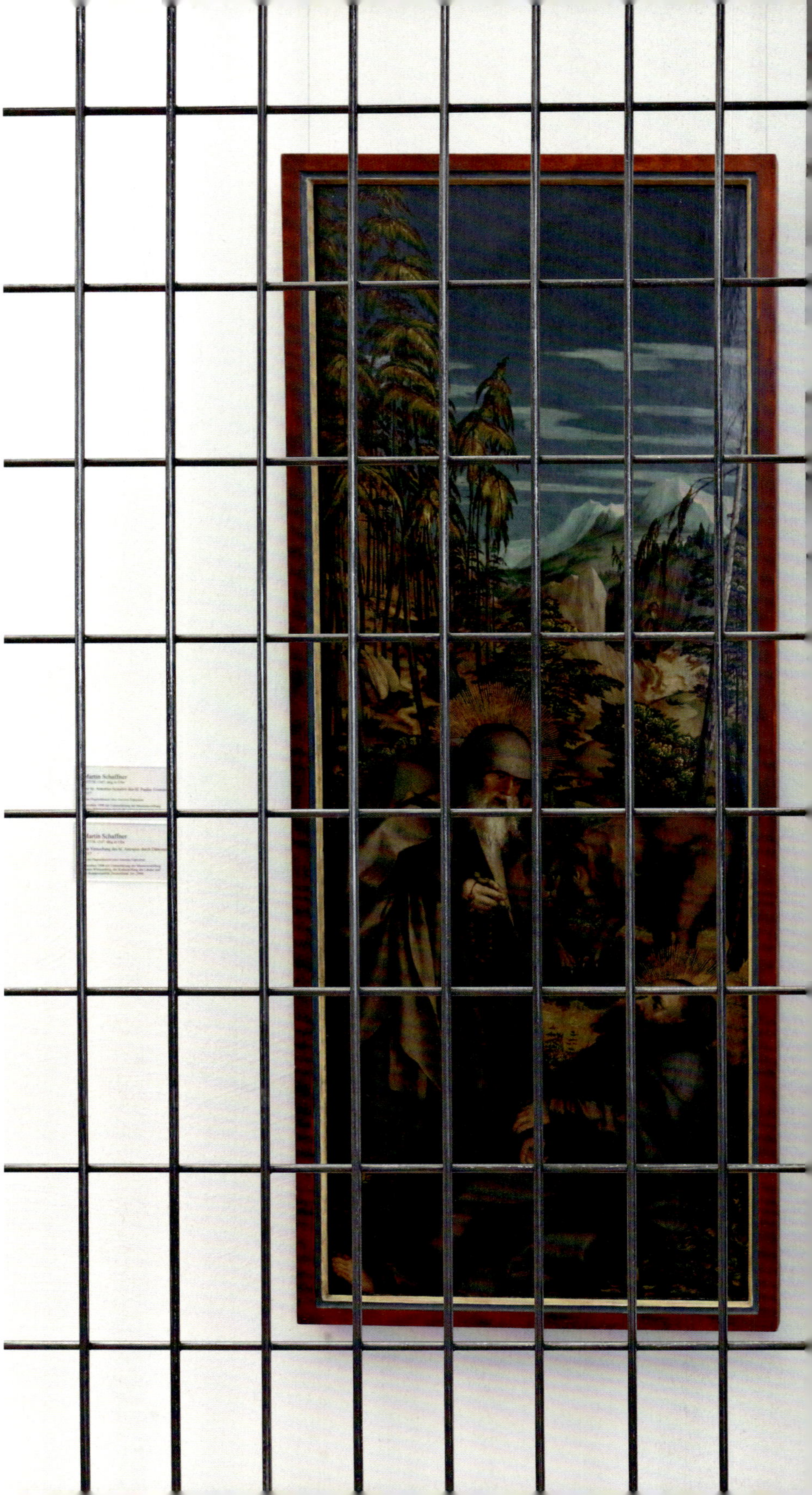

Martin Schaffner
Martin Schaffner

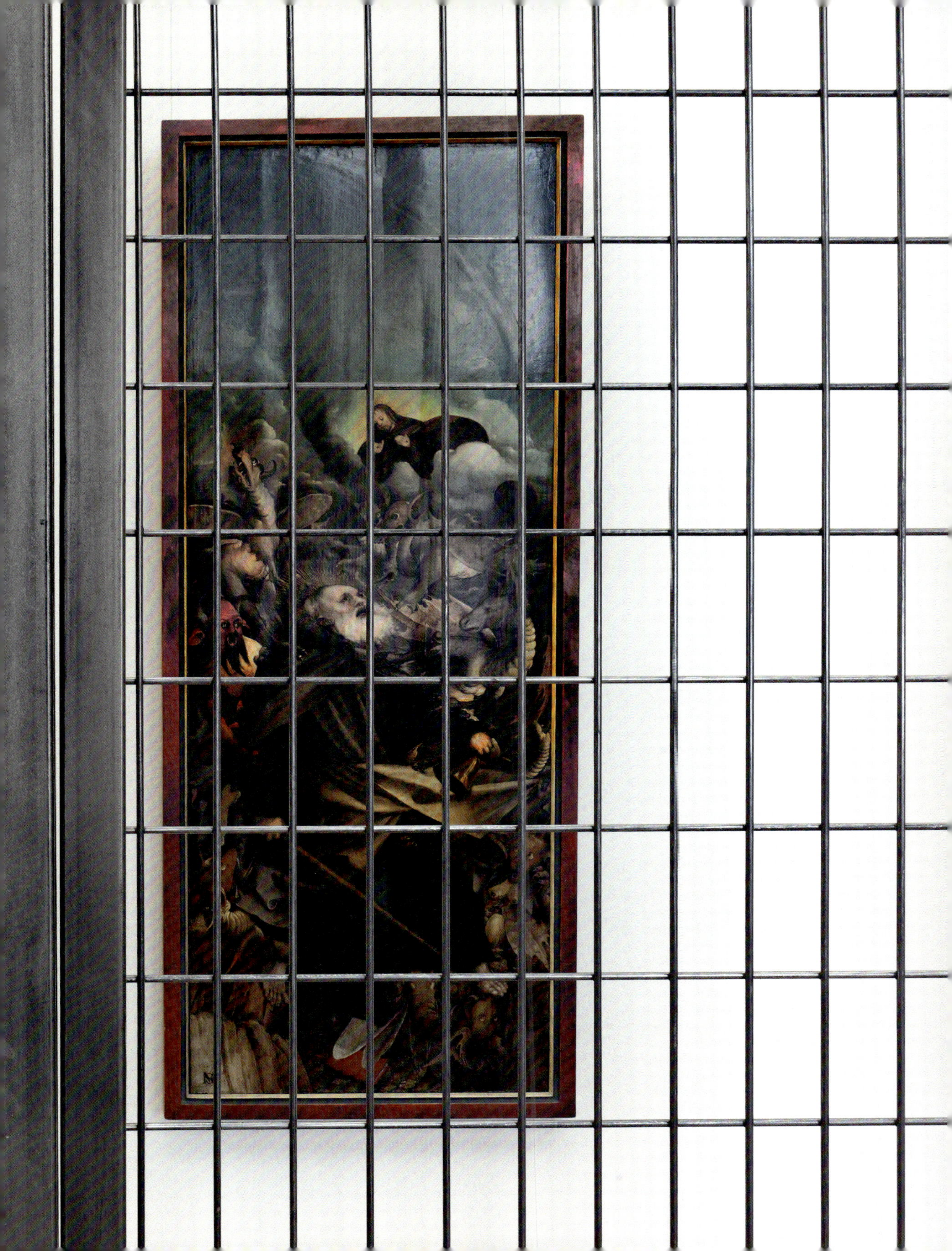

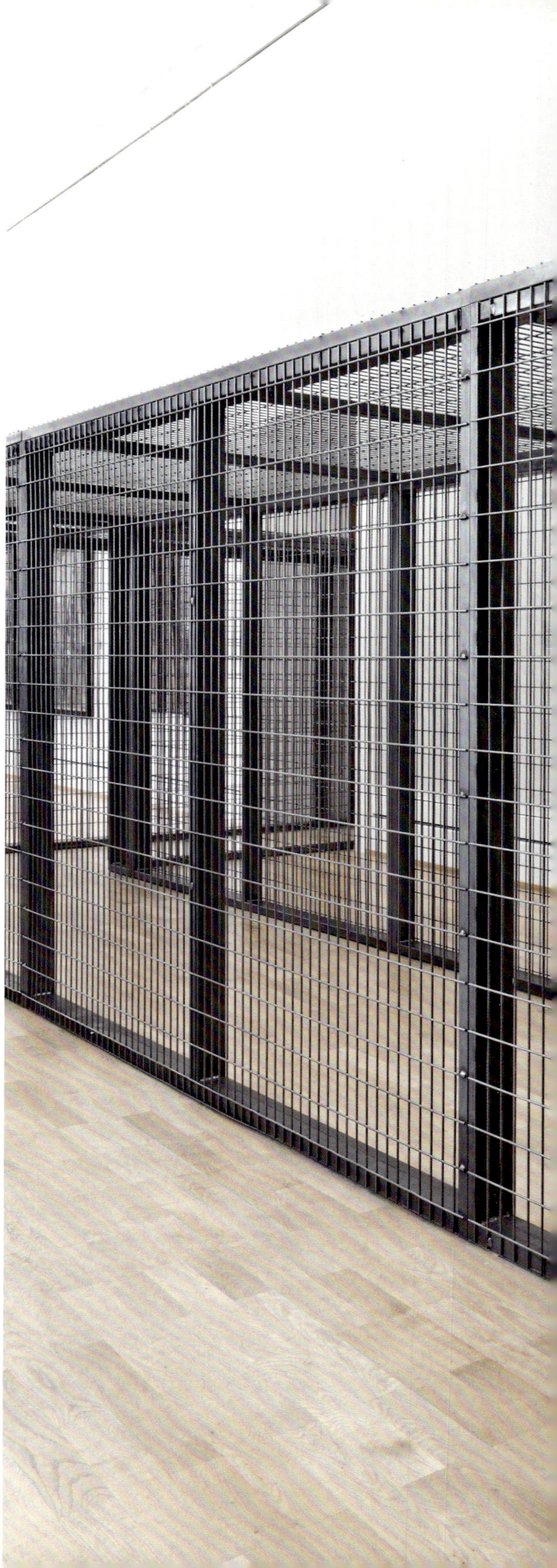

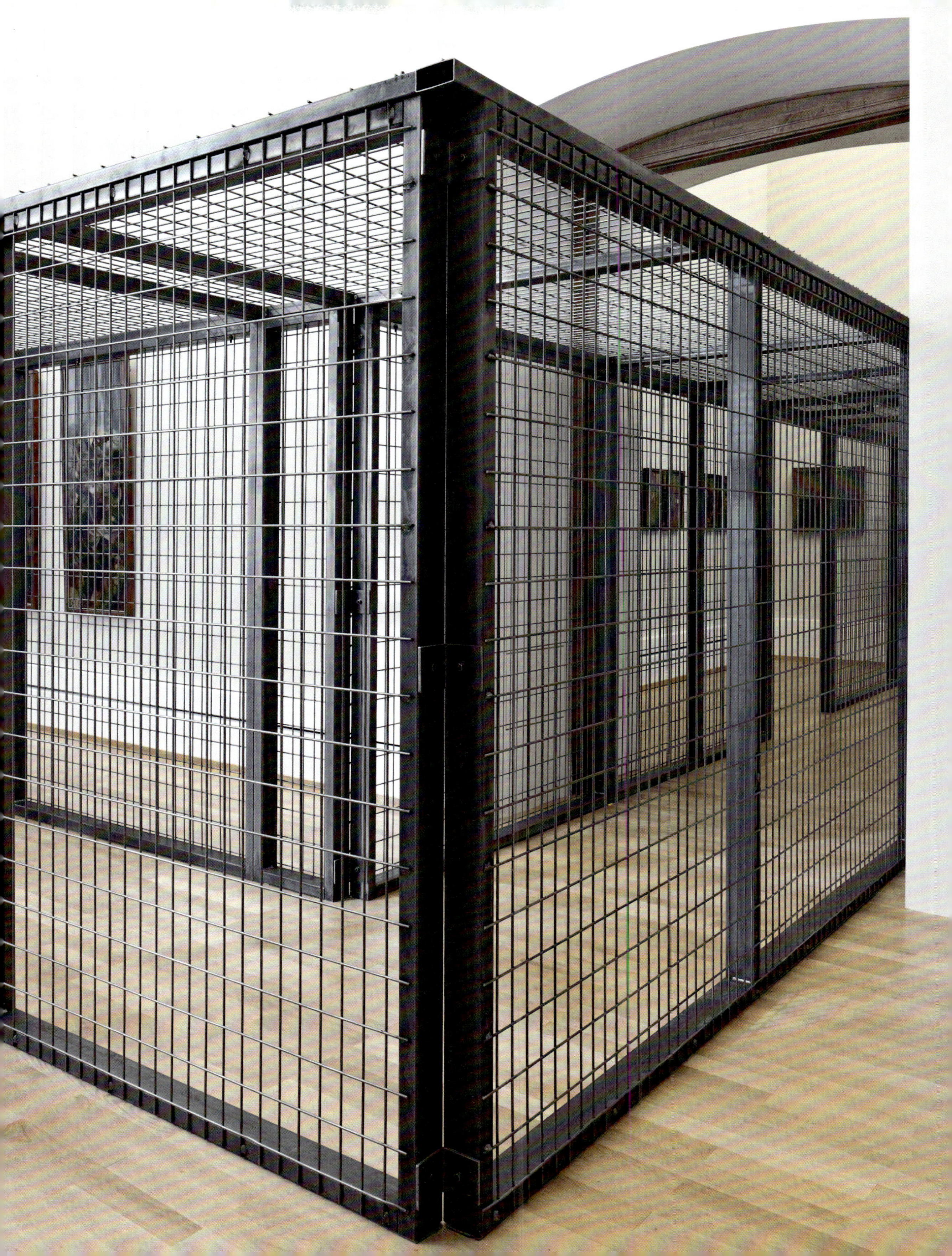

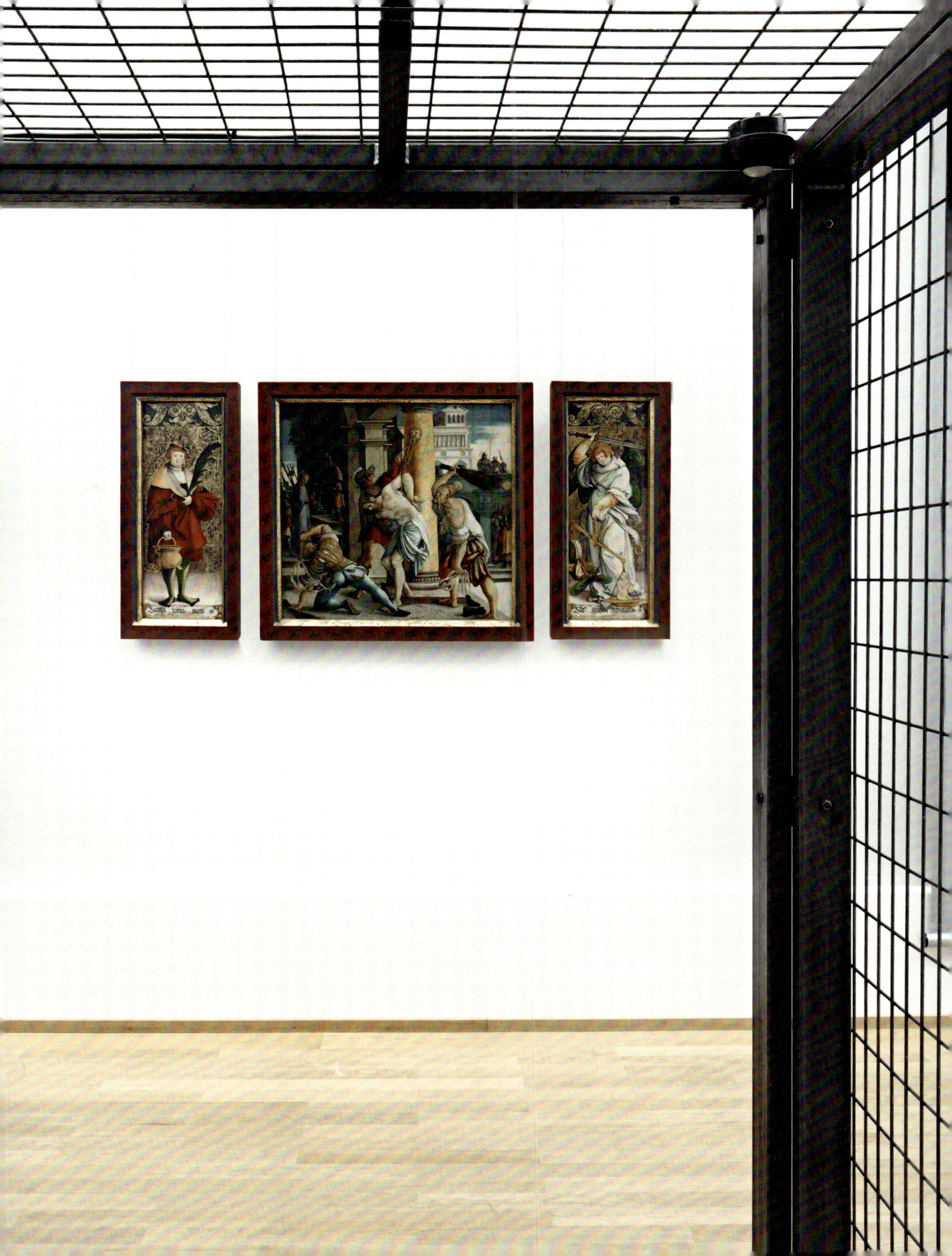

Werkverzeichnis

Die Werke gehören zum Bestand der Staatlichen Kunsthalle Karlsruhe
mit Ausnahme der besonders ausgewiesenen Exponate.

Miroslaw Balka
223 x 4127 x 950
2010, Stahl, Ventilatoren

[Saal 1]

Hans Strigel d. J.
Die Heiligen Katharina und Wolfgang
1465
Inv. 38

Meister von Sigmaringen
Die Kreuzigung Christi
1515/20
Inv. 55

Bartholomäus Zeitblom
Die Verehrung der Eucharistie
Um 1495
Inv. 44

Meister der Sterzinger Altarflügel
Der Tod Mariä
Um 1460
Inv. 32

Meister der Sterzinger Altarflügel
Die Kreuzigung Christi
Um 1460
Inv. 33

Hans Maler (von Schwaz)
Propheten des Alten Bundes mit Märtyrern und Heiligen
Um 1500
Inv. 45a/b

Martin Schaffner
Der heilige Antonius bestattet den heiligen Paulus Eremita
1517
Inv. 2899

Martin Schaffner
Die Versuchung des heiligen Antonius durch Dämonen
1517
Inv. 2900

Schwäbischer Meister
Das Jüngste Gericht mit einem Stifter
Um 1500
Inv. 1137

Bartholomäus Zeitblom
Die Heiligen Mauritius und Sebastian
Um 1485
Inv. 43

Bartholomäus Zeitblom
Die Heiligen Laurentius und Wolfgang
Um 1485
Inv. 12

Meister der Gewandstudien (Meister der Coburger Rundblätter)
„Elisabeth-Triptychon"
Um 1480/90
Inv. 2888

Schwäbischer Meister
Christus und Maria als Fürbitter der Menschheit vor Gottvater
1519
Inv. 63

Meister von Meßkirch
Der heilige Veit
1520/30
Inv. 100

Meister von Meßkirch
Die Geißelung Christi
1520/30
Inv. 98

Meister von Meßkirch
Der Erzengel Michael als Seelenwäger
1520/30
Inv. 99

Ulrich Apt d. Ä.
Die Anbetung des Kindes
Rückseite: *Die Verkündigung an Maria / Die Himmelfahrt Christi*
1510
Inv. 2448

Bernhard Strigel
Die Verkündigung an Maria
Um 1515 oder nach 1520
Inv. 61

Bernhard Strigel
Die Fußwaschung Christi
Um 1515 oder nach 1520
Inv. 62

Schwäbischer Meister
Die Apostel Judas Thaddäus, Thomas, Matthias
Um 1500
Inv. 1173

Schwäbischer Meister
Die Apostel Petrus, Jacobus Major, Andreas
Um 1500
Inv. 1174

[Saal 2]

Friedrich Herlin
Die Heiligen Magdalena und Barbara
1460/61
Inv. 2264

Friedrich Herlin
Die Heiligen Johannes der Täufer und Johannes der Evangelist
1460/61
Inv. 2275

Friedrich Herlin
Die Verkündigung an Maria
1460/61
Inv. 2287

Friedrich Herlin
Die Geburt Christi
1460/61
Inv. 2277

Friedrich Herlin
Die Anbetung der Heiligen Drei Könige
1460/61
Inv. 2262 a/b

Friedrich Herlin
Der heilige Georg als Drachentöter
1460/61
Inv. 2269

Friedrich Herlin
Der heilige Christophorus
1460/61
Inv. 2265

Meister vom Bodensee oder vom Oberrhein
Maria mit dem Kinde auf dem Rasen
Um 1460
Inv. 1640

Monogrammist HHS von 1518
Der heilige Johannes der Täufer
Der heilige Johannes der Evangelist
Um 1520
Inv. 1938 b/c

Schwäbischer Meister
Maria mit dem Kinde
1503
Inv. 1210

Augsburger Meister
Die Anbetung des Kindes
Um 1410
Inv. 2249

Augsburger Meister
Die Darstellung im Tempel
Um 1410
Inv. 2250

Augsburger Meister
Der heilige Achatius
Um 1480
Inv. 2257

Augsburger Meister
Die heilige Ursula
Um 1480
Inv. 2258

[Saal 3]

Süddeutscher Meister
Die Beschneidung Christi
Um 1410/20
Inv. 2197

Meister des Schottener Altars
Engel der Verkündigung
Um 1370/80
Inv. 849

Meister des Schottener Altars
Maria der Verkündigung
Um 1370/80
Inv. 850

Oberrheinischer Meister
Die Heimsuchung Mariä
Um 1410/20
Inv. 2814

Oberrheinischer Meister
Die Geburt Johannes' des Täufers
Um 1410/20
Inv. 2815

Oberrheinischer Meister
Die Begegnung der Knaben Jesus und Johannes der Täufer
Um 1410/20
Inv. 2816

Oberrheinischer Meister
Die Befragung Johannes' des Täufers durch Priester und Leviten
Um 1410/20
Inv. 2817

Straßburger Meister
Die Verkündigung an Maria
Um 1440/50
Leihgabe des Hessischen Landesmuseums Darmstadt

Böhmischer Meister
Diptychon: *Maria mit dem Kind und Christus als Schmerzensmann*
Um 1360
Inv. 2431 a/b

Meister des Staufener Altars
Christus am Kreuz zwischen Maria und Johannes
Um 1430
Inv. 51a

Meister des Staufener Altars
Die Grablegung Christi
Um 1430
Inv. 52

Meister des Staufener Altars
Die Gefangennahme Christi
Um 1430
Inv. 51

[Saal 4]

Lucas Cranach d. Ä.
Kurfürst Friedrich der Weise von Sachsen
1525
Inv. 120

Lucas Cranach d. Ä.
Kurfürst Johann der Beständige von Sachsen
1525
Inv. 119

Lucas Cranach d. Ä.
Die heilige Agnes (?)
1520/22
Inv. 118

Lucas Cranach d. Ä.
Friedrich der Weise in Verehrung der apokalyptischen Muttergottes
Um 1515
Inv. 2749

Lucas Cranach d. Ä.
Maria mit dem Kinde
Um 1518
Inv. 108

Lucas Cranach d. Ä.
Maria mit dem Kinde und dem Johannesknaben unter dem Apfelbaum
Um 1535
Inv. 123

Hans Baldung, gen. Grien
Markgraf Christoph I. von Baden mit seiner Familie in Anbetung vor der heiligen Anna Selbdritt
Um 1510
Inv. 88

Kopie nach einem verlorenen Original von Hans Baldung, gen. Grien
Frauenbad mit Spiegel
Original wohl 1515;
Kopie um 1600
Inv. 2107

Hans Baldung, gen. Grien
Ungleiches Liebespaar
1528
Inv. 1476

Matthias Gerung
Die Melancholie im Garten des Lebens
1558
Inv. 2619

Matthias Gerung
Allegorie der gefesselt schlafenden Gerechtigkeit
1543
Inv. 105

Hans Maler (von Schwaz)
Der Augsburger Kaufmann und Patrizier Anton Fugger
Um 1525
Inv. 1722

Südostdeutscher (?) Meister
Allegorie auf die irdische Vergänglichkeit
1547
Inv. 126

Hans Burgkmair
Der Humanist und Dichter Sebastian Brant
1508
Inv. 953

Hans Burgkmair
Die Beweinung Christi mit dem heiligen Sigismund und einem knienden Stifter
Um 1515
Inv. 70

Jörg Breu d. Ä.
Maria mit dem Kinde und dem Johannesknaben
Um 1520
Inv. 2566

Lucas Cranach d. Ä.
Das Urteil des Paris
Um 1530
Inv. 109

[Saal 4a]

Oberschwäbischer Meister
Der heilige Georg
Schreinsfigur eines Retabels aus St. Georgen im Schwarzwald
Um 1520
Inv. P 133

Meister der Donauschule
Der heilige Georg zu Pferde als Drachentöter
1510/20
Inv. 1469

Johann Geminger
Ritter, Tod und Teufel
Um 1590
Inv. 913

Hans Mielich
Bildnis des Pankraz von Freyberg
1545
Inv. 2477

Lucas Cranach d. Ä.
Ein Herr aus der Familie von Rechenberg
1535/40
Inv. 122

Unbekannter Meister
Christus mit der Dornenkrone
Um 1600
Kopie nach einem verschollenen Gemälde Albrecht Dürers von 1514
Leihgabe der Kunsthalle Bremen – Der Kunstverein in Bremen

Albrecht Dürer
Der hl. Onuphrius
Um 1505
Leihgabe der Kunsthalle Bremen – Der Kunstverein in Bremen

Albrecht Dürer
Der hl. Johannes der Täufer
Um 1505
Leihgabe der Kunsthalle Bremen – Der Kunstverein in Bremen

Albrecht Altdorfer
Die Geburt Christi
1507
Leihgabe der Kunsthalle Bremen – Der Kunstverein in Bremen

Albrecht Dürer
Christus als Schmerzensmann
1493/94
Inv. 2183

Meister der Dominikus-Legende
Die Krönung des heiligen Dominikus mit Kreuzigung Christi
Um 1493/94
Leihgaben des Hessischen Landesmuseums Darmstadt (Krönung) und der Bayerischen Staatsgemäldesammlungen München (Kreuzigung)

Meister des Bartholomäusaltars (Umkreis)
Christus als Schmerzensmann
Um 1490
Leihgabe der Kunsthalle Bremen – Der Kunstverein in Bremen

Bernhard Strigel
Die Beweinung Christi
Um 1520
Inv. 59

Hans Schäufelein
Die Kreuzigung Christi
1515
Inv. 84

[Saal 5]

Niederländischer Meister
Die Anbetung der Heiligen Drei Könige
Um 1480/90
Inv. 2298

Meister des Marienlebens
Bildnis eines Mannes
Um 1480
Inv. 139

Niederrheinischer Meister (?)
Christus und Maria als Fürbitter vor Gottvater
1506
Inv. 133

Pieter Claeissins (Umkreis)
Triptychon für die Privatandacht
1555
Inv. 2934

Jan Provoost
Maria mit dem Kinde, von Engeln gekrönt
Um 1510
Inv. 148

Niederländischer Meister
Der heilige Servatius mit Äbtissin
Der heilige Bernhard mit Nonne
1530/40
Inv. 2551 / 2552

Pieter Coecke van Aelst
Flügelaltar: *Die Auferstehung Christi mit alttestamentlichen Vorbildern*
Um 1535
Inv. 153

Cornelis van Dalem und Jan van Wechlen
Landschaft mit Nomadenfamilie
Um 1570
Inv. 2509 / 2595

Meister der Grooteschen Anbetung (Umkreis)
Die Anbetung der Heiligen Drei Könige
1519
Inv. 145

Quentin Massys
Bildnis eines Mannes
1517
Inv. 2458

Meister von Frankfurt
„Anna Selbdritt-Triptychon"
Um 1510
Inv. 2893

Meister der Benson-Porträts (?)
Bildnis eines bärtigen Mannes mit Brief
Um 1530/50
Inv. 69

Niederländischer Meister
Bildnis eines jungen Mannes
1561
Inv. 159

Niederländischer Meister
Bildnis einer jungen Frau
1561
Inv. 160

Derick Baegert
Der trauernde Johannes
Um 1500
Inv. 2582

Lucas van Leyden
Der heilige Andreas
Um 1512
Inv. 1478

Joachim Patenier
Landschaft mit dem heiligen Hieronymus
Um 1505/10
Inv. 144

Jan Vermeyen
Bildnis eines Mannes
1540
Inv. 2743

Oberschwäbischer Meister
Maria mit dem Kind
Schreinsfigur eines Retabels aus St. Georgen im Schwarzwald
Um 1520
Inv. P 129

Meister von Frankfurt
Maria mit dem Kinde
Um 1510
Inv. 134

Holländischer Meister
Die Beweinung Christi
Um 1520/30
Inv. 147

Jan Massys
Der Prophet Elias und die Witwe von Sarepta
1565
Inv. 143

[Saal 6]

Meister der Mosbacher Kreuzigung
Christus am Kreuz zwischen Maria und Johannes
Um 1525/30
Leihgabe des Hessischen Landesmuseums Darmstadt

Hans Baldung, gen. Grien
Geburt Christi
1539
Inv. 90

Martin Schaffner
Die Heiligen Petrus und Paulus mit dem Schweißtuch der heiligen Veronika
1518
Inv. 79

[Saal 7]

Matthias Grünewald
(Mathis Gothart Nithart,
genannt Grünewald)
Die heilige Elisabeth von Thüringen
1511/12
Inv. 2604

Matthias Grünewald
(Mathis Gothart Nithart,
genannt Grünewald)
Heilige Märtyrerin
1511/12
Inv. 2605

Matthias Grünewald
(Mathis Gothart Nithart,
genannt Grünewald)
Christus am Kreuz zwischen Maria und Johannes
Um 1523/24
Inv. 994

Hans Holbein d. J.
Der heilige Georg
1520 (?)
Inv.66

Hans Holbein d. J.
Die heilige Ursula
1520 (?)
Inv. 65

Hans Herbster
Die Kreuztragung Christi
1515
Inv. 64

Jörg Breu d. Ä.
Die Heiligen Bartholomäus und Nikolaus
Um 1520
Inv. 73

Jörg Breu d. Ä.
Die Heiligen Sebastian und Eustachius
Um 1520
Inv. 72

Monogrammist J.S. mit der Schaufel
Die Heiligen Margaretha und Agnes
1515/30
Inv. 97a

Monogrammist J.S. mit der Schaufel
Die Heiligen Acharius und Fiacrius
1515/30
Inv. 97c

Meister der Gewandstudien
(Meister der Coburger Rundblätter)
Ein Einsiedler erblickt die von Engeln in die Lüfte erhobene heilige Maria Magdalena
Um 1490
Inv. 53

Meister der Gewandstudien
(Meister der Coburger Rundblätter)
Christus am Ölberg
Um 1490
Inv. 2184

Meister der Gewandstudien
(Meister der Coburger Rundblätter)
Kreuztragung Christi
Um 1490
Inv. 2185

Schwäbischer Meister
Die Geburt Mariä
Rückseite: *Die Verkündigung an Maria*
1489
Inv. 806a

Schwäbischer Meister
Der Tod Mariä
Rückseite: *Die Heimsuchung*
1489
Inv. 806b

Meister des Salemer Altars
Die Anbetung der Heiligen Drei Könige
Um 1500
Inv. 907

Meister des Salemer Altars
Die Kreuztragung Christi
Um 1500
Inv. 909

Meister des Salemer Altars
Die Kreuzigung Christi
Um 1500
Inv. 910

Seeschwäbische Werkstatt
Kreuzigungsretabel aus Mennwangen
1523
Leihgabe des Badischen Landesmuseums Karlsruhe

Meister mit der Nelke
Die Heiligen Johannes der Täufer und Onuphrius
Um 1500
Inv. 39f

Meister mit der Nelke
Die Heiligen Jodocus und Glado
Um 1500
Inv. 39c

Oberrheinischer Meister
Die Geburt Christi mit Brustbild des Propheten Jeremias
1505
Inv. 1442

Oberrheinischer Meister
Die Anbetung der Heiligen Drei Könige mit Brustbild des Propheten Jesaja
1505
Inv. 1443

Meister vom Bodensee
Der Konstanzer Bischof Hugo von Hohenlandenberg
Rückseite: *Die bischöflichen Insignien sowie das Doppelwappen der Familie Hohenlandenberg und des Bistums Konstanz*
1502
Inv. 2190

Michel Haider
(Meister des Hohenlandenberg-Altars)
Triptychon mit der Kreuzigung Christi
Gegen 1500
Inv. 48a-c

Meister der Rohrdorfer
Retabelflügel
Die Krönung Mariens
Um 1480/85
Inv. 36

Oberrheinischer Meister
(Meister der Benda'schen
Madonna)
Die Verkündigung an Maria
Um 1500
Inv. 2933/Lg. 775

Ludwig Schongauer
Die Heimsuchung
Die Anbetung der Heiligen
Drei Könige
Um 1480
Leihgaben des Hessischen
Landesmuseums Darmstadt

Meister der Fridolfinger
Altarflügel
Die Enthauptung Johannes
des Täufers
Um 1490
Inv. 35

Monogrammist J.S. mit
der Schaufel
Das Martyrium der zehntausend
Christen unter König Sapor von
Persien
1515/30
Inv. 97d

Monogrammist J.S. mit
der Schaufel
Die Auffindung des Wahrens
Kreuzes durch die heilige Helena
1515/30
Inv. 97b

[Saal 8]

Französischer oder deutscher
Meister (?)
Maria mit dem Kinde vor der
goldenen Paradiesespforte
Um 1450
Inv. 2235

Französischer oder deutscher
Meister (?)
Die Vertreibung aus dem
Paradies
Um 1460
Inv. 2234

Meister vom Bodensee (?)
Die Anbetung der Heiligen
Drei Könige
Um 1460
Inv. 81

Meister vom Bodensee (?)
Die Entkleidung Christi
Um 1460
Inv. 81a

Meister der Karlsruher Passion
(Hans Hirtz ?)
Sechs Tafeln eines Passions-
zyklus aus der Thomaskirche
in Straßburg
Um 1450/55
1) *Christi Gebet am Ölberg*
Inv. 2436
2) *Geißelung Christi*
Inv. 2911
3) *Dornenkrönung Christi*
Inv. 1136
4) *Kreuztragung Christi*
Inv. 2180
5) *Entkleidung Christi*
Inv. 1497
6) *Kreuzannagelung Christi*
Inv. 1375

Meister des Regler-Altars
Die Kreuzigung Christi
Um 1450/55
Inv. 1400

Meister des Regler-Altars
Die Himmelfahrt Christi
Um 1450/55
Inv. 1504

Salzburger (?) Meister
Die Auferweckung der Drusiana
durch Johannes den Evangelisten
1450/60
Inv. 1575

Straßburger Meister
Die Kreuzannagelung Christi
mit der Stifterin Anna Schott
Um 1490 – 1500
Veränderte Kopie nach der
Kreuzannagelung des Meisters
der Karlsruher Passion
Leihgabe des Hessischen
Landesmuseums Darmstadt

Lorenzo di Credi
Maria, das Kind anbetend,
mit dem Johannesknaben
Um 1480
Inv. 409

Meister der Karlsruher Anbetung
(Paolo Uccello, Umkreis)
Die Anbetung des Kindes mit
den Heiligen Hieronymus,
Magdalena und Julian
Um 1440/50
Inv. 404

Nürnberger Meister
Thronende Maria mit dem Kinde,
Engeln und einem knienden
Stifterpaar aus der Nürnberger
Familie Erlbeck
Um 1430/40
Inv. 2220

Südostdeutscher Meister
Maria mit dem Kind
Um 1480
Inv. P 56

Meister vom Bodensee
Christus am Kreuz zwischen
Maria und Johannes mit den
Heiligen Dorothea und Verena
Um 1440
Inv. 25 a–c

Meister vom Bodensee
Die Heiligen Antonius der Eremit,
Sebastian, Georg und Ursula
Rückseite: *Die Heiligen Margare-*
the, Katharina, Maria Magdalena
und Johannes der Täufer
Um 1440
Inv. 26 a/b, 27 a/b

Hans Murer d. J.
Christus als Schmerzensmann
Um 1480
Inv. 1398 a

Rottweiler Meister
Gottvater mit dem Leichnam
Christi
Um 1440
Inv. 1135

English Essays

Foreword

Attentive observers in the urban space of Karlsruhe, visitors approaching the main building of the Staatliche Kunsthalle, will perhaps be puzzled by a poster which raises more questions than it answers. In spring of 2010, the museum announces the exhibition *Miroslaw Balka Wir sehen dich* (Miroslaw Balka We see you) by means of an out-of-focus detail of a late medieval painting. Those familiar with the Kunsthalle will perhaps recognize a key work from the museum's collection, namely the *Disrobing of Christ* by the Master of the Karlsruhe Passion [s. p. 8]. All print media related to the exhibition – poster, flyer, invitation – feature this blurred, defamiliarized image – based on a painting whose original is characterized by the pronounced sharpness of its rendering, its unmistakable manner of execution, its renunciation of atmospheric values. But the use of blurred focus for the exhibition graphics is more than the exploitation of a much favored effect, one designed – regardless of where it is encountered – to generate curiosity. In conjunction with the contrasting exhibition title *Wir sehen dich* (We see you), this calculated distortion alludes to an artistic intervention which addresses the very act of looking, calling into question museal perception and our historically evolving expectations of images.

With this exhibition, the Staatliche Kunsthalle inaugurates a new series that is to continue in a loose sequence without any firmly circumscribed format. The rules of the game are relatively simple: an artist – one not hitherto associated with the Kunsthalle or its collections – is invited to conceive an exhibition through which he or she in some way attempts to come to terms with the location and spatial configuration of the museum and its collections. The objective is to caused an interlinking between artistic creation and institutional history. Launching the series will be an exhibition in the galleries of early German art. New as well is the involvement of a guest curator who proposes an artist of his or her choice. The Polish sculptor Miroslaw Balka (born in 1958) has been chosen by Düsseldorf curator Julian Heynen. But why offer a voice in this area to the "uninitiated" – here, where only the expertise of the specialist should count? Naturally, the curator of the collection will be intensely involved in each project, and will make his or her expertise available. At the same time, the invited artist and guest curator will be responsible for essential decisions independently. Each collaboration will be based on mutual trust and on the conviction that a new mode of access, a new perspective, can only enhance the richness of the collection and its significance – for both specialists and for interested laypeople. *Wir sehen dich* (We see you) is also a metaphor for this new gaze, one which positions the museum in a state of productive disquiet. For with this series, the museum extends the traditional sphere of its tasks and competencies – namely to collect and preserve art, as well as to engage in research and educational activities – by adding a fifth component. This is production – that is to say the engendering of new works whose commissioner will be the Staatliche Kunsthalle Karlsruhe.

We are in debt to Miroslaw Balka for his readiness to accept our invitation to install a major new work in the Kunsthalle's galleries of early German painting. Certainly, it means an artistic challenge to realize a new and independent work in the company of paintings by the Master of the Karlsruhe Passion, by Cranach and Dürer, by Baldung and Grünewald. Impressed by the quality of the Karlsruhe Sammlung, and in a way that demonstrates the greatest respect for its historically evolving structures, Balka avoided proposing a timid intervention, and has instead undertaken an ambitious one – and moreover a convincing successor to his large-scale London installation *How it is*, on view in the Turbine Hall of the Tate Modern in 2009/2010. Julian Heynen, who has been engaged in dialog with the artist for many years, was not only the instigator of this undertaking, but a diligent adviser as well concerning every level of its realization. Supporting him was Holger Jacob-Friesen, curator of the collection of early German painting at the Kunsthalle. He displayed generosity in making his broad expertise available, and has enriched the present catalog with an original interpretation of Balka's work. In Regine Heß, the project had a judicious coordinator, one capable of optimally supervising the at times complicated operational procedures. In charge of technical supervision was Frank Lautenschläger as external partner, and Michael Kirchgässner on behalf of the Kunsthalle. Commercial management rested in the reliable hands of Priska Weßbecher.

This year, during which Ziehl-Abegg celebrates its 100th anniversary, the firm plays the role of sponsor regarding material equipment required for the exhibition. They have generously made available to us the eight fans which are installed at strategic points within Balka's work. We owe a very special debt for this support and productive cooperation in particular to CEO Peter Fenkl and marketing director Martin Müller.

My sincerest thanks to all of our catalog authors; to our translator Ian Pepper; to our photographer Norbert Miguletz; to our graphic designer Anna Węsek; to our editor Martina Buder from the Verlag für moderne Kunst in Nuremberg; and to the photo department of this house, represented by Wolfgang Pankoke. Press and public relations work was directed by Carmela Thiele with energetic support from Britta Borger and Rebecca Debatin. Responsible for designing the exhibition print media was the Frankfurt office Fine German, to whom we owe not just the concept of the out-of-focus image, but a new image for our institutional graphics in general. To all of my colleagues at the Staatliche Kunsthalle who have participated in this project, including those not mentioned here by name, my most heartfelt thanks.

Pia Müller-Tamm

Julian Heynen

Becoming Strangers, Getting Closer

Modernity has positioned the museum between the viewer and the work of art. This institution does not constitute our sole access to art. Still, in the course of its two-hundred-year history, the museum has profoundly conditioned the way in which we perceive and define works of art. The space of the museum, delimited and established solely for the purpose of presenting, ordering, and conveying knowledge about art – a space that came to be known in the late 20th century as the "white cube" – has summoned forth a culture of display and of perception which is at the same time a system of values. Apparently, only an art that has been stamped by the sensibilities and denotations of a predominantly western, yet at the same time increasingly global art market, is capable of arriving at the defining location of the museum. A few artists have attempted to criticize or undermine this state of affairs in their work, but to date none have affected a noticeable transformation in the systems known as "the museum" and "art." This is not the place to investigate such countertendencies to the museumization of art – a subject about which one can read in any number of places. Instead, I am concerned here with formulating an initial question in relation to Miroslaw Balka's project *Wir sehen dich* (We see you): How do we move inside of the museum? Or more precisely: How do the architectural surroundings and the conventions of image presentation guide our attention? The galleries of early German painting in the Kunsthalle Karlsruhe offer not just a concrete instance, but also an almost classic example. Balanced spatial proportions, a varied series of contrasting room sizes, uniform (and whenever possible natural) illumination, restrained but well-ordered details, including door frames, bases, benches, as well as neutral wall colorings, generate an atmosphere of calm, seriousness, expectation, and contemplation. The hanging of the pictures follows a dual principle: historical criteria are considered on the one hand and aesthetic attractiveness on the other. Textual explanations of display objects are found on discreetly placed information sheets, or else conveyed to visitors individually by museum personnel. The individual viewer is free to choose his own itinerary. He can choose a variety of routes through the sequence of rooms, either moving along each wall systematically from picture to picture, or else gravitating toward specific works upon entering a room, guided consciously or unconsciously by individual preference or momentary inclination, ignoring most of the works, or even passing through entire rooms without looking at any of them. All of these are characteristic behaviors cultivated for generations, standard modes by which art is approached in museums spatially and psychologically. What prevails is a consensus according to which this simultaneously objective yet open-ended ordering represents an ideal framework for encountering art. The presentational apparatus embodied by the museum pretends to be nothing but a neutral backdrop which makes possible both intimacy and the acquisition of knowledge vis-à-vis works of art. In the process, it is forgotten that the museum is an almost cannibalistic mechanism for subjecting the visual products of the most various epochs, the most diverse cultures, the most contrasting functions to its criteria of order, that it tears objects from their original contexts, presenting fragments and relics as though they were aesthetically and contentually unified. Needless to add, all of this occurs with the best of intentions, both on behalf of the art and on behalf of the beholder, who is to be simultaneously delighted and instructed, to cite a venerable formula. Unquestionably, the spatial, atmospheric, and contentual regime which regulates our encounters with works of art as is extraordinarily subtle. And yet there is little doubt that it is also an effective filter, one which makes pictures seem readily accessible in spite of their inherent strangeness. We have become so accustomed to the presentational form of the museum that all too often, the works of art contained in them congeal into ostensibly familiar culinary stimuli or convenient references confirming our knowledgeability. All too rarely do we investigate what actually separates us from a specific image or object, do we ask ourselves whether or not any connection still exists, and in what such a connectedness might consist. Another artist of Balka's generation, namely Thomas Struth, has explored precisely this disquieting relationship in his museum photographs [s. p. 11]. Beyond the level of sociological observation, his images thematize a skepticism about whether or not a connection between the contemporary world of the visitor and the old paintings contained in a museum is even possible, but also astonishment over the fact that the search for this connection continues, and is sometimes even found.

With his Karlsruhe project, Miroslaw Balka does not merely observe this relationship. Working as a sculptor, he instead alters it physically in an enduring way. He opposes the museal space and its behavioral conventions with a new routing regime. In the galleries, the visitor now encounters a contraption, one which not only introduces a radically different materiality into a normally relaxed and convivial situation, but one which also restricts freedom of movement to a considerable degree. To an extent, his pathway is now externally controlled. He must use this apparatus in order to move from room to room and to gain access to individual works of art. With a sole exception, this passageway – constructed of a simple steel framework and industrial fencing – leads to all of the galleries, joining them to form a closed circuit. Immediately after viewing the galleries containing early German painting for the first time, Balka began conceiving of a project that would take up the theme of the route. Influencing his decision, presumably, were the paintings of the so-called *Karlsruhe Passion*, but also other depictions of the Passion of Jesus, and finally the Christian notion of the path of life. First and foremost, however, it was the spatial relationships themselves which led Balka to the motif of the pathway and to that of the enclosed course. The curator proposed that his project engage with precisely these works and these galleries. The idea was based on the assumption that there must be some kind of relationship between the corporeality embodied in these late medieval and early modern paintings and the specific way of dealing with bodily experience found in Balka's works. Before long, it was decided that individual sculptures by Balka would not be introduced in order to establish some sort of connection with these artworks, that instead the situation as a whole would be the point of departure for a comprehensive intervention into the world of the past and into the museal situation. After initial reflections involving the idea of an artistic intervention which would move by itself, he arrived at the concept of a pathway, one that would channel the natural movements of museum visitors. His corridor cuts a kind of aisle through the display space of the museum, holding visitors at a distance from the pictures. Admittedly, the visitor can see through the latticework, but only in an unsatisfying way. The paintings remain in the expansive outer area, while he is confined to an interior which allows little freedom of movement. The self-evident way in which beholder and artwork normally share the same space in the museum is shattered – or at least disrupted. The subdivision of this space calls into question the presumed unity of the atmospheric, intellectual, and cultural space shared by viewer and artwork: now, the pictures can become different, even strange. The lived environment of the visitor, his emotional, mental, and cultural constitution, his historic location on the one hand, all of which he brings unquestioningly into the museum, and the historic location of the paintings and that which is depicted in them on the other are now diverging. Another condition of museum experience is apparently also reversed: if the artworks are normally regarded as being at the disposal of the viewer, if he normally enjoys the freedom to turn toward them or to decline to do so, to choose the form of his encounter with them, then not only are his movements now restricted, but the viewer is himself fenced in and exposed to view in the transparent enclosure of the corridor, placed on display as a living being in a cage of sorts.

The separation of these two worlds, however, is neither rigorous nor even complete. To begin with, visual contact is possible at any time. But more importantly, there are "transfer stations." The route through the fenced corridor is marked off by doubly indicated intersections. In nearly all of the rooms, there are exits from the corridor on both sides; these lead to the familiar freedom of the galleries and to proximity with the paintings. Even before it is reached, however, each transition point is marked off in an almost emphatic way. As it is approached, a powerful blast of air is emitted from a ventilator mounted in the ceiling. Just at the point where he must decide whether to abandon the indicated route and switch territories, the visitor's body encounters and is enveloped by a stream of air. Accompanied and heightened by the noise of the fan (a second disturbance of the museal atmosphere), a ritual of transition is accomplished. When the spot is abandoned, the fan motor stops running after a pre-established interval. This mechanical intervention is triggered by anyone who approaches a transfer point. The experience of switching between corridor and picture gallery, between distance and proximity, between the world of the visitor and that of the artwork, then, is accompanied by a timed sensing device, one that signals one's entry into the galleries, as well as those of the other visitors.

Aisles, corridors, passages: all of these structures appear continually in Balka's work. He has long devoted special attention to the route leading from one point to another, to the approach to a sculpture, to a situation. This interest can be traced all the way back to his (figural) final exam piece of 1985, which was not displayed in a normal exhibition gallery, without preparation, so to speak, but could only be viewed in the countryside by a group which had journeyed there together especially to see it, and whose members had to submit to a series of little rituals before viewing the work in the semidarkness of a farm cottage. The staging of a pathway, of an almost liturgical processional route (as meager as it might appear) belongs among the religious (Catholic) connotations that are unmistakable in the early work in particular. In the late 1980s, when he executed a number of performances on his own or in conjunction with the artists' group *Świadomość Neue Bieremiennost* (which means something like "consciousness of a new pregnancy"), the temporally-specific character of these works emphasized narrative and ritual elements and focused on an event – however ephemeral. Even after he abandoned figurative sculpture and made the transition to simple forms and materials lying somewhere between abstraction and objecthood, moreover, the decelerated, rhythmic sculptural organization of space often involved retarding and transitional elements that might be designated as thresholds: simple wooden boards positioned on the floor, steel or terrazzo slabs, just large enough to stand on, and not simply set on the floor, but instead placed there painstakingly by means of small bases and set on layers of felt. Years later, the threshold situation in a different work eliminates everything casual and still [s. p. 12]. In order to continue into the exhibition, visitors were obliged to step on a wooden platform which rested at its center on a steel pipe. Unavoidably, the platform impacts the floor when the tipping point is reached, making a loud noise. The presence of the individual, his desire to reach the artworks, is signaled in almost brutal fashion. Accompanied by this noise, unavoidable for him as well as for others, he literally stumbles onto and into the realm of art.

Genuine corridors, which form entryways and transitional structures in large exhibitions are produced during the mid-1990s. The forms are oriented to the pre-existing architectonic situation; what transforms them into emotionally charged spaces is the fact that their walls are covered up to the height of a human figure in thin layers of soap [s. p. 13]. Unmistakably, the odor signals a complex of perceptions both personal and general, extending from hygiene as a fundamental cultural technology all the way to associations with the soap reportedly or presumably made from the bodies of concentration camp victims. In any event, these corridor passages are highly ambivalent in character, for they engage those who traverse them with signals of a non-visual kind. The ritual of transition they signify does not take the form of a distinct change from one condition to another, and as purifying zones, they remain conflictual. These interspaces are characterized by heightened sensibility, and are not least of all places of self-perception.

In 2005, finally, Balka constructed two corridors as autonomous, freestanding sculptures, which provided the exhibition space with a certain orientation, but which were geared far more toward an experience of their interiors. In their quasi-architectural sobriety, they seem like test protocols designed to demonstrate a principle rather than attempts to delineate or interpret a specific situation. One of the tunnel pieces, conceived for the bright summer galleries of the Venice Biennale, exposes the body of the user to an unexpected sensation – not unlike the soap corridors: five times, fans set into the ceiling subject the perambulating visitor to strong blasts of air [s. p. 14]. The aggression harbored in this contact with an immaterial element is as restrained as it is unsettling. It is only air, but the way in which it strikes the visitor with unaccustomed force and in an industrial seriation, converts the passageway into a route that must be surmounted. The linguistic part of the title (*some in some out*), moreover, harbors certain overtones, and is almost a dry echo of *The Drowned and the Saved*, the title of Primo Levis's Holocaust memoir. At two places located at knee-height, a small sculptural gesture counteracts the image of extreme inhospitality. Set into the walls there are small semicircular basins, suggesting that something is to be collected, secured, or dispensed there – one thinks of receptacles for holy water. Prevailing between the rigorous character of the tunnel forms and blasts of air and the humanity of the small containers is a tension, one which is heightened in a second tunnel project. In this instance, the corridor is brightly lit, while five thin threads – which hang down from the ceiling in sequence – turn slowly around themselves [s. p. 14]. These fragile residual sculptural forms lead the way through the passage, but the views and questions revolve around the significance of these five "figures" themselves. This work is among the relatively few which have verbal titles, in this case bearing an explicit reference: *Kategorie* (Category). The colors of the threads refer to the identification badges used in the concentration camps, the "triangles": red = political prisoner, violet = Jehovah's Witness, green = criminal, pink = homosexual, black = antisocial element. – These corridors not only serve to foster concentration on that which takes place within them with the viewer's involvement; they also isolate us from external events. When Balka constructs a narrow, wooden corridor in a gallery which runs along the walls, he blocks out the exhibition space, which is to say: that which normally lies at the center of our encounter with the art [s. p. 15]. This motif of enclosure or exclusion surfaces in many other works as well. Whether physically or symbolically, fences and barriers inhibit access; they separate the "here" from the "there," engendering two contrasting zones and dissociating them from one another. In *AAA+Rauchsignale* (2007), wire netting prevents unconstrained movement through a dark, former factory hall, but ultimately leads viewers toward a glittering light which falls downward from above [s. p. 16]. This transition from dark to light was additionally charged by a lullaby, sung with restraint by the artist himself, and emitted from loudspeakers. Again and again, such delimitations and barriers are not mere markings, abstract indications, but are instead infiltrated with emotional, historic, and human themes. That which initially appears as an ironic commentary on the museum as an institution, i.e. a sculpture taking the form of a customary security barrier, is revealed upon closer inspection to be a highly ambivalent arrangement, for hair has been woven into the cord – human hair, one is tempted to believe [s. p. 17]. A pragmatic fixture, one that is simultaneously a symbol calling attention to something, and which strives to segregate the sphere of everyday life from that of art, mutates into an ambivalent image, one in which high art and human suffering mix impurely. Like the soap, the recycled hair can no longer be separated from the crimes committed in the concentration camps. This series is continued by a skeletal figure formed of wire mesh and wound around an iron post; a calendar showing pictures of dogs behind various fences; a video showing fawns beyond barbed wire at the former concentration camp at Auschwitz-Birkenau; but also a series of photographs containing wire fences from the vicinity of the artist's studio. Another initially unimposing sculpture, finally, essentially little more than a found object, condenses the theme of sequestration in an almost emblematic way [s. p. 18]. This work as well bears only an impersonal title consisting of its dimensions, and the double dating alone alludes to a historic context. The small broken and bent piece of metal was probably part of the fence surrounding the Jewish ghetto of Otwock, the small town near Warsaw where Balka grew up, and where he still maintains a studio in the house of his grandparents. The provenance of this post, found at a scrap yard there, is probably not beyond doubt. But which past event or detail is? How secure is our knowledge of the particulars of a catastrophic and contested history? A well-founded conjecture, and even more so the form of this relic, with its reinforced flamed tip, suffices to convert it – now positioned cautiously and provisionally on a flat piece of foam rubber – into a sculpture, one that evokes dehumanizing segregation. Well below the pathos of the official monument, it is a kind of allusion at the roadside, legible but not unequivocal: "A post does not make a fence," as the artist says. And if we look carefully, concentrating entirely on the upper section of this iron object, then this aggressive device, made of notched and incised metal, is transformed into an image of a black plant, a malevolently beautiful blossom. This type of painful yet seductive coupling of objects, in which aesthetic and moral classifications threaten to collapse, and which imply a necessary doubt concerning the artistic power of interpretation, are no rare occurrence in Balka's work. *BlueGasEyes*, one of the two videos being shown at other locations in the museum during the exhibition, touches on this point in an almost melodramatic way [s. p. 19].

In order to make the transition from this rudiment of a delimiting apparatus back to the Karlsruhe project, we turn now to a related sculpture. In 2007, in front of the Museo de Arte Moderna in Rio de Janeiro, Balka installed *Cruzamento*, consisting of two intersecting passageways in steel wire construction, also with fans installed in the ceiling [s. p.20]. The work's allusions to the Christian and Catholic traditions shared by Balka's home country and Brazil are quite evident, and are signaled by the title, by the form of the Latin cross, and by the five fans, which may refer to the five wounds of Christ. Far remote from the exaltation through which the Baroque scenarized suffering and redemption, Balka reduces the symbolic form to a provisional arrangement with auxiliary architecture, orienting the structure to the concrete experience of the individual user, to his corporeal-mental responses. And when, moreover, the fans – associated with the wounds of the crucifixion – do not inflict pain, but (in Rio's warm climate) instead provide refreshment, then the initial impression seems to be paradoxically reversed into its contrary. Or is it not instead the case that the Christian dialectic of suffering and redemption is set into Balka's via dolorosa with a light touch, one that is touched by an ironic and self-evident experience of secularization?

The Karlsruhe context, however, is a very different one. In place of an everyday urban and transitional zone, we find the simultaneously relaxed and concentrated atmosphere of the classical museum gallery. Inclusion and exclusion no longer refer to the people moving inside or outside of the corridor, but instead to the works of art preserved here, to these images from a remote time, a different culture. Simultaneously open and closed, they offer glimpses into a different world – some aspects of which are familiar, while others must be deciphered. This is not merely a question of iconography, but instead of attitude, of ideology. What is it that motivates, that guides, that stimulates contemplation? Is it aesthetics, or faith? Balka's constructed route, located somewhere between device and sculpture, instrument and work of art, implicitly raises this question. Through the partial withdrawal of the images, through the curtailment of our freedom of movement, but just as much through the experience of being enveloped in the air streams at the transit stations and the rhythmical ritual of the path through this "landscape" of early images, our contact with these relics from a different world is shifted into physical and mental consciousness. *Wir sehen dich* (We see you) fissures our experience of ourselves and of the paintings. The project deprives this relationship of its familiarity, disrupting the ostensibly smooth cooperation between enjoyment and instruction. But the Karlsruhe corridor does not do this via confrontation or negation. Unlike the previous large installation in the Turbine Hall of the Tate Modern in London [s. p. 21], *Wir sehen dich* (We see you) does not allow every museal experience to vanish into darkness, annulling the real image world in favor of an uncontrollable stream of inner images. On the contrary: his choreography of demarcation and approach restores a specific corporeality to both visitors and viewers as well as the paintings. It takes the form of a transfer area from which a renewed encounter between proximity and distance, between openness and otherness, becomes possible.

But to return to the question of language: after *Lichtzwang* (Light Duress; 2006), Balka once again adopted a title from Paul Celan, at the same time issuing a warning: "A title is a title. A poem is a poem. An exhibition is an exhibition." It is all too tempting to interpret the image through the text – all the more so when both artists share a grand theme. To begin with, however, *Wir sehen dich* (We see you) is one of a long series of German-language titles used by Balka for his exhibitions beginning in 1992, and which extend from everyday words like *bitte* (please/you're welcome), *Ruhe* (quiet) or *Jetzt* (now) to *Ordnung* (order) *schmerzstillend* (painkilling), all the way to words like *Lebensraum* (living environment), *Winterhilfsverein* (wintertime relief organization; both Nazi vocabulary), *Die Rampe* (the ramp), and *Auslöschung* (extinction). Whether expressions of everyday life or idioms of authority, he chooses them because for him, they sound quite direct, and in a certain sense poetic. For him, German – of which he only has rudimentary knowledge – is a kind of shadow language, "something I can't get out of my head, something which pursues me." He belongs to a generation for which World War II and the Holocaust, and hence the entire calamitous connection between Germany and Poland, remain self-evident aspects of collective and individual experience in the present. Repeated four times in a brief poem by Paul Celan is the phrase: "wir seh(e)n dich (we see you)." The perspective view rises up toward the heavens before falling back downward to earth, where it finds ceaseless affliction and extinction: "So mehrst du die Ewigkeit" (Thus do you increase eternity), "So atmen die Brände der Zeit" (Thus burn the fires of time). It is not difficult to connect these lines by the poet with the scenes of passion and martyrdom depicted in these early German paintings, to understand Balka's confinement and channeling of the beholder as a sort of connecting link between the two. Beyond the (all too) obvious level, however, there is the title itself, which leads into the work's center. *Wir sehen dich* (We see you): the majority, the living, gaze now onto their counterparts, these lifeless objects from a distant time, the totality of the old paintings, which are nonetheless shifted into the intimacy of the informal second person singular, the German "du." But as in a broken mirror, the paintings, the eyes and bodies of their figures, their interior spaces, the objects and regions of the world depicted in them, gaze back at the beholder. Only this startling reversal of gazes triggers a productive sensation of foreignness between image and viewer. On equal footing now, these strangers regard one another. Only this is the point of departure for an encounter lying beyond the presumed security of knowledge and convention. As a goal, or rather as a happy accident, *Wir sehen dich* (We see you) circumscribes the rare moment when seeing coincides with knowing, yet without amounting to presumption.

Holger Jacob-Friesen

"Every day I walk on the paths of the past" On Miroslaw Balka's Karlsruhe Installation

In spring of 1954, Paul Celan, who lived in Paris, took a trip to Cologne. A tour of the city in the company of Heinrich Böll made a profound and lasting impression on him. Ten years later, the lyric poet recalled the experience in a letter to his wife: "Cologne, which I love for its reverberations of my first stroll there with Böll – destroyed Romanesque churches, one of them, I thought of again yesterday, with a so-called 'plague crucifix,' arms held in a V shape."[1] Among Cologne's Romanesque churches – then lying almost without exception in rubble and only later reconstructed – was St. Maria im Kapitol. One side aisle of this ruined structure was used after the war as a temporary church. Presented here was the celebrated Y-shaped or plague crucifix, dating from around 1300, to which Celan in all likelihood refers. This sculpture is the oldest example of its type, found initially in the Rhineland in the 14th century, i.e. the period of the Great Plague, and then later throughout the West. One Y-shaped crucifix, originating in Breslau/Wroclaw and today located in Warsaw [s.p. 24], displays all the characteristics of this type, known as the "crucifixus dolorosus," in an especially striking manner, including Christ's emaciated, limply hanging body, the numerous flagellation marks, the protruding rib cage, the emphasis of the wound on his side, among others, the sculpturally formed drops of blood, and the head, turned to the right and crowned with thorns, its face expressive of great suffering. The Y-shaped crucifix, saturated with mystic piety, confronts the beholder with the measureless agony of the crucified figure.

Testimony of the profound impact the Cologne crucifix had on Paul Celan (besides the one in St. Maria im Kapitol, possible candidates are similar ones preserved in St. Georg and St. Severin) is found not only in the above-cited letter and in a journal entry. The experience was also reflected in artistic form, namely in the poem entitled *Bei den Zusammengetretenen* (Among the Trampled). There, we read: " – you, king's air / nailed to the plague cross, now / you bloom – / pore-eyed, / covered in pain scales / astride a horse."[2] In the figure of Christ, Celan – a Jewish poet deeply traumatized by the Shoah – perceived not the

1] Cited from Barbara Wiedemann, "Zwischen Pestkreuz und Bocklemünd. Paul Celan in Köln," in: *Celan-Jahrbuch 9* (2003–2005), pp. 103-126, here p. 126.

2] Ibid, p. 105. *See also Paul Celan. Die Gedichte. Kommentierte Gesamtausgabe in einem Band*, edited and with commentary by Barbara Wiedemann, Frankfurt a. M. 2003, p. 197.

Redeemer, but instead a martyred Jew, the tortured "King of the Jews" who was mocked and tormented to death. The 14th century plague crucifix displays him with large eye-shaped wounds and cascades of blood – "pore-eyed, / covered in pain scales." This disturbing mode of depiction had its successor and highpoint in the early 16th-century crucifixion imagery of Matthias Grünewald. Here, the suffering of Christ is heightened to extremes. It seems striking that in March of 1970, Celan traveled to Colmar – his last trip ever – in order to view Grünewald's Isenheim Altarpiece, with its central crucifixion. About a month later, he took his own life.

Balka and Celan

Paul Celan's poetry is an important source of inspiration for the Polish sculptor Miroslaw Balka. This is true in particular for those works in which the Shoah, the mass murder of Europe's Jews by the National Socialists, is foregrounded or resonates in some way. In circling movements, the video *T. Turn* of 2004 shows the sky above the Treblinka Concentration Camp in a way reminiscent of Celan's celebrated poem *Todesfuge* (Death Fugue), where the same image is varied three times as a "grave in the breeze," "in the clouds," and "in the air."[3] The installation *BlueGasEyes* dating from the same year, also shown in the Karlsruhe exhibition [s.p. 19], is a multilayered, richly associative work about the fiery gaze, about life energy, transitoriness, and destruction. The two flickering rings of flame from a gas stove that are projected onto the salt surfaces can also be interpreted as allusions to the gas chambers of the concentration camps. Again, one is reminded of a line from Celan's *Death Fugue*: "Death is a master from Germany his eye is blue." Both works, *T. Turn* and *BlueGasEyes*, were shown in 2006 in a Düsseldorf exhibition whose title – *Lichtzwang* – cites that of a posthumously published volume of poetry by Celan.[4]

Balka turns back to Celan as well for the title of his large-scale Karlsruhe installation: *Wir sehen dich* (We see you) is the title of a poem contained in Celan's *Von Schwelle zu Schwelle* (From Threshold to Threshold). The poem was composed in December of 1954, which is to say: the same year the poet saw the plague crucifix in Cologne. This experience seems to resonate in the first verse: "We see you, heaven, we see you. / pockmark by pockmark / you drive forth, / pustule by pustule. / Thus do you increase eternity."[5] The "heaven" of this form recalls the "king's air" which is nailed onto the plague cross and which is also directly addressed in the poem *Bei den Zusammengetretenen* (Among the Trampled). Here, heaven drives onward with pockmarks and pustules, which one might imagine as resembling the wounds and whip marks depicted on a "crucifixus dolorosus." It was the resemblance between these wounds and the swellings of plague victims, incidentally, that led to the designation "plague

3] Cf. James E. Young, "Mirosław Bałka's Grave in the Sky," in the exhibition catalogue *Topography Mirosław Bałka*, Oxford (Modern Art Oxford) 2009, pp. 177-184.

4] See Julian Heynen, "Lichtwerk," in the exhibition catalogue *Mirosław Bałka, Lichtzwang*, Düsseldorf (K21, Kunstsammlung Nordrhein-Westfalen) 2006, pp. 3-31.

5] Cited from Celan 2003 (see note 2), p. 84.

crucifix," used by Celan as well – erroneously, since there is no direct link joining this crucifix type to the Black Plague.

We might want to ask: In what way does Celan's "heaven" increase eternity via pestilence and disease, whose symptoms are pockmarks and pustules? Presumably, they bring only death. Are they nonetheless associated with the comforting prospect of the Resurrection and eternal life? In the poem's gloomy second verse, hope appears in the form of bitter irony: "We see you, earth, we see you. / Soul by soul / you abandon them, / shadow by shadow. / Thus do the fires breathe time." Human souls are abandoned, relinquished to the shadow realm of Death. They are the oxygen of the respiring fires of time and of the world.

In an interview granted on the occasion of the Kraków exhibition *Winterreise* (2003), Miroslaw Balka emphasized the significance of the titles he gives to his presentations: his sculptures, he concedes, often make a sober, impersonal, expressionless, even unfeeling impression. The titles, he says, nonetheless provide references to the emotional contexts in which the works stand.[6] The context of emotion and significance alluded to by the title *Wir sehen dich* (We see you) is complex, and is predetermined by Celan: an emotional response to contemplating medieval depictions of Christ's Passion, the question of the existence and nature of God, the encounter with cruelty and suffering, violence and death.

6] Exhibition catalogue, *Mircsław Bałka, Winterreise*, Kraków (Galeria Starmach) 2003, p. 25.

Paul Celan made reference to Christ's Passion in a variety of ways. For instance in the early poem *Dornenkranz* (Crown of Thorns), written between 1941 and 1944, which begins with the line "Leave aside the purple," an allusion to the purple color of the mock king's robe worn by Christ.[7] In his *The Crowning with Thorns*, the Master of the Karlsruhe Passion depicts Christ wearing crown, robe, and scepter, the insignia of his kingdom, albeit one that remain powerless against the evils of humankind [s. p. 29]. The words "The naked are alone" from the same poem is reminiscent of the picture type of "Christ in Distress."

7] Cited from Celan 2003 (see note 2), p. 387; cf. Amy D. Colin, "Der Weg der Lyrik Celans," in: *Literatur und Kritik 187/188* (1984), pp. 340-351.

The title of the poem *Tenebrae*, composed in 1957, and which Celan regarded as one of his most important, refers to the biblical report of the death of Christ.[8] In Matthew (27: 45), we read: "A sexta autem hora tenebrae factae sunt super universam terram usque ad horam nonam." ("And from the sixth hour darkness came over all the land unto the ninth hour"). No other artist has ever depicted the supernatural darkness described here – which fell in the middle of the day, this mourning dress donned by the heavens – more effectively than Grünewald in his images of the Crucifixion – especially the last one, now preserved in Karlsruhe, the painting *Christ on the Cross between Mary and John* from Tauberbischofsheim [s. p. 25]. Even today the unrelieved pessimism of Grünewald's image is disturbing: it shows Good Friday without the perspective of Easter Sunday. The – perhaps only apparent – hopelessness radiating from this painting corresponds to the mood of the poem *Tenebrae*. With the words "It was blood, it was / what you shed, Lord," Celan plays on the words spoken by

8] Cf. Celan 2003 (see note 2), p. 97; John Felstiner, *Paul Celan: Poet, Survivor, Jew*, New Haven 1995 pp. 101-105; Fred Lönker, "Tenebrae," in: Jürgen Lehmann (ed.), *Kommentar zu Paul Celans „Sprachgitter"*, Heidelberg 2005, pp. 187-195.

Christ at the Last Supper. Yet one searches in vain in the poem for the promise of eternal life associated with them. In Celan, the blood does not establish a new bond between God and humankind, but instead culminates in the clearly blasphemous demand raised by the choir of the sacrificed: "Pray, Lord, / pray to us, / we are near."[9]

This dark undercurrent connects Balka's work to the poetry of Celan. "For me, art is more related to pain and conflict. Happiness is not fruitful in terms of making art," said the sculptor in an interview conducted in 2007.[10] Even ten years or so earlier, he had stated: "I am always returning to the subject of death."[11] Raised as a strict Catholic, Balka included references to various saints in his early works, or more precisely: to saintly martyrs, in particular Saint Adalbert (Wojciech), who is revered in Poland especially, and who was slain by heathens. "I was interested in the figures of martyrs with whose help I could express my own fears," says Balka.[12] But it was not a religious attitude in the spirit of a church that led him to identify with these figures.[13] He was interested in guilt, sacrifice, and suffering in general. The video *Flagellare* of 2009, which shows the symbolic flagellation of a concrete floor with a leather belt, testifies to this sustained interest, which continues up to the present.[14]

Not just the oppressive, melancholy basic attitude is common to Balka and Celan. They are also very close in their conception of art. Celan turned against all forms of descriptive, narrative, or romantically heightened lyricism. After his experiences with National Socialist barbarity, he came to mistrust beauty. In fact, such experiences resided at the very center of his poetic art. But this renunciation of realist stylistic resources did not mean a retreat from reality. When reproached for the "hermetic" or "cryptic" quality of his poems Celan replied: "Believe me – each word is written with an immediate reference to reality."[15]

In 1990, after beginning as a figurative sculptor, Balka ended his involvement with the human form. Ever since, his sculptures have been essentially abstract, composed of simple materials and in lucid forms. For this reason, many pieces are reminiscent of Minimal Art. Yet Balka emphasizes: "It is not abstraction that interests me but rather the past, history."[16] The former concentration camps located on Polish soil play an important role in this context, but not an exclusive one. Balka's art is political and philosophical. He works with symbols, and the body (albeit not its sculptural representation) remains the most important reference, the foundation of experience. Balka has no interest in the concept of a "pure" art, the *l'art pour l'art* against which Paul Celan expressed himself so vehemently. Balka's words could easily have been those of the poet as well: "Every day I walk on the paths of the past."[17]

With his Karlsruhe installation *Wir sehen dich* (We see you), Miroslaw Balka embarks on a remarkable journey in and through history. "Walking," then, comes at the beginning of the following analysis, one that attempts to call attention to a few astonishing correspondences, to parallels and contrasts between this

9] Cited here from Paul Celan, *Selected Poems*, translated and with an introduction by Michael Hamburger, London 1996, p. 114-115.

10] Exhibition catalogue, *Miroslaw Balka*, Reflejos condicionados, Santander (Fundación Marcelino Botín) 2007, p. 113.

11] "Each boy fears differently. *Miroslaw Balka* – Interview by Bożena Czubak," *magazyn sztuki, art magazine 19* (1998), no. 3, p. 25.

12] Ibid, p. 21.

13] Balka's works even contain blasphemous elements, for example the installation "When you wet the bed" of 1987, which combines sexual and religious motifs; cf. Juan Vicente Aliaga, "History, death and other bitter fruit. An interpretation of the work of Miroslaw Balka," in the exhibition catalogue *Intensità in Europa*, Prato (Museo Pecci) 1998, p. 25 (ill.) and p. 35 (text).

14] Cf. Young 2009 (see note 3), p. 181.

15] Cited from Wolfgang Emmerich, *Paul Celan*, Reinbek bei Hamburg 1999, p. 11.

16] Cited from Juan Vicente Aliaga, "The Thorn of Memory," in the exhibition catalogue *Miroslaw Balka, Bon Voyage*, Strasbourg (Musée d'Art moderne et contemporain) 2005, pp. 26-50, here p. 30.

17] Cited from Young 2009 (see note 3), p. 178.

contemporary installation and some works of early German painting. After the section on “walking,” there are additional ones on “seeing” and “sensation,” both central categories for the masters of late medieval painting and for Balka as well. These categories make possible comparisons which span centuries, and supply us with approaches for interpreting Balka’s artistic intervention.

Walking

A steel corridor, nearly one hundred meters in length, enclosed with wire grating and furnished with a number of exits, leads through eight galleries of the Staatliche Kunsthalle Karlsruhe before completing the circuit and returning to itself. The galleries display early German art, and are dominated by Christian motifs.[18] Can we conceive of a greater contrast than that between Balka’s installation and these late medieval and Renaissance paintings? The luminous colors of these images from the distant past, the colorless materials of the sculpture from today; the profusion of figures here, abstraction there; affect-charged expression on the one hand, cool expressionlessness on the other; the drive and the desire to narrate on the part of the old works, the mute refusal of storytelling in Balka. Still, Balka’s installation does not seek confrontation, but instead – and despite its remoteness – seeks to create connection and access. To be sure, it does call attention to the strangeness of these nearly 500-year-old works of art, but even more than that, it brings us closer to them.

In this respect, Balka’s first design for the Karlsruhe exhibition is revealing [s. p. 30, 31]: what was envisioned was a long, rotating, steel cable, operated by a motor and held by supports. The cable would have transported items of clothing, contributed by the citizens of Karlsruhe and hung on 33 hooks, through the exhibition galleries of early German painting. This project relied upon a variety of highly resonant symbols. Because of its wreath-like form and striking hooks, the installation as a whole resembles a monumental crown of thorns. The slow and laborious circling can be understood as an allusion to the via crucis. By the same token, the items of clothing refer to the stripping naked of Christ at Golgotha, and the number of hooks to the 33 years of life granted Christ. An especially striking visual sign in this design was the rainbow planned for the largest gallery, i.e. an ancient symbol of the bond connecting God with humankind, but also a portent of the Last Judgment.

Balka’s second and ultimately realized design is more severe, and renounces symbolism for the most part. The kinetic element has undergone a refined transformation: now it is not the steel cable that is moving, which is to say the work itself. Instead, the focus is exclusively on the movements of the museum visitors, whose progress through the individual galleries is guided, channeled, restricted – and thereby rendered conscious. In both plans, the interlinking of

18] On the works of the early German Masters, see the following collection and exhibition catalogues of the Staatliche Kunsthalle Karlsruhe: *Katalog Alte Meister bis 1800*, prepared by Jan Lauts, two vols., Karlsruhe 1966; Ines Dresel / Dietmar Lüdke / Horst Vey, *Christus und Maria. Auslegungen christlicher Gemälde der Spätgotik und der Frührenaissance aus der Karlsruher Kunsthalle*, Karlsruhe 1992; *Die Karlsruher Passion. Ein Hauptwerk Straßburger Malerei der Spätgotik*, Ostfildern-Ruit 1996; *Spätmittelalter am Oberrhein. Maler und Werkstätten 1450–1525*, Stuttgart 2001; *Grünewald und seine Zeit*, Munich 2007.

the exhibition galleries and the processual quality of the installation are related. But only in the second design does the visitor engage in a kind of "imitatio," which is to say: he is induced, even coerced into becoming an empathic emulator of Christ. The visitor surrenders to "imprisonment" in the confining corridor, and then to the via crucis of the Passion. The eight outlets can plausibly be interpreted as "stations" of this "via dolorosa."

The path leading to the Crucifixion – the arrest of Christ, the various torments, and finally his death on the Cross – are among the key themes of late medieval and early modern art. The fact that Balka refers to such works is hardly surprising, for as early as 1998 he emphasized in an interview: "Religious themes were always dear to me. [...] My suffering is hidden somewhere in these figures of the saints [...]." And later: "I have a deep consciousness of mortality, of the passing of life and the approach of death."[19]

19] Cited from "Each boy feels differently" 1998 (see note 11), pp. 19, 21, 25.

Christ is the exemplary sufferer and victim of mortal sacrifice – which is how the great artists of the late Gothic period depicted him – and the Master of the Karlsruhe Passion does so especially strikingly. In his great Passion sequence, this painter – who worked in Strasbourg around 1450 but is not identifiable by name, and whose work is preserved mainly in Karlsruhe – shows us Christ in meditation on the Mount of Olives with the henchmen approaching; the nocturnal arrest; the long path toward Golgotha: the flagellation [s. p. 32]; the crowning with thorns [s. p. 29]; the carrying of the Cross [s. p. 32]; Christ being stripped naked [s. p. 33]; and the nailing to the Cross [s. p. 33]. Individual scenes are depicted with extraordinary naturalism and incomparable inventiveness, with great sympathy, yet violently. The bound Christ is shown being shoved and pulled along. Soldiers and weapons tower up behind him in the crowded compositions. He can barely move, the situation is hopeless. He was depicted in a similar manner by early 16th-century artists, among them Hans Herbster and Matthias Grünewald in their versions of the *Carrying of the Cross* [s. p. 26, 27].

Christ's fate was indeed sealed as early as his birth. In a diptych executed around 1360 [s. p. 34], a Bohemian master depicts the beginning and the end of his life – but going beyond this, he relates them to one another. The newborn Son of God will end his life as the Man of Sorrows. His mother, with her serious expression, is aware of his destiny. Around 180 years later, Hans Baldung Grien invested his *Birth of Christ* [s. p. 35] with a similar meaning: two putti hold the pale infant in a kind of pietà with angels, anticipating the Lamentation and Entombment. Christ is born in order to die; his diaper is already a shroud.

Balka's narrow and somewhat low corridor allows us to imagine something of the hopelessness of the Passion and the predestined quality of Christ's path through life. Of course, his death on earth is by no means the conclusion of the Christian narrative of salvation: the resurrected Christ is the guarantor of eternal life. One can hardly infer such a promise from Balka's installation, which terminates where it begins. In a work dating from 2007 which refers to Raymond Moody's famous book *Life after Life*, Balka offers a pessimistic prognosis: he has visitors enter a gloomy corridor where only a single light bulb burns.[20] When it is approached, it is turned off. Is life after death an illusion? Our earthly existences and our deaths are paths into the unknown.

20] The title of this work is "196 x 230 x 141"; cf. the exhibition catalogue, Santander 2007 (see note 10), pp. 86-89 (ill) and p. 122 (interview).

Seeing

People visit museums in order to view objects. In a department of late medieval art, it is primarily images with religious motifs that are offered to the gaze. Among these, depictions of Christ – his birth and his childhood, his works and his teachings, his suffering and death – assume an especially prominent position. By choosing the exhibition title *Wir sehen dich* (We see you), Balka places a special accent on the concrete relationship between visitors and the images representing the son of God. Nevertheless, it is precisely the inhibition of vision which initially strikes visitors upon entering Balka's Karlsruhe corridor: we are kept at a distance from the works of art, and moreover, the sturdy grating interferes with our view of them. Only through the outlets or "sluices," found in each gallery, is direct access to the works possible.

The spatial distance compelled by Balka can also be understood in temporal terms: more than a half a millennium lies between contemporary viewers and these images. Today, it is difficult for us to approach these works – even seen close-up – with any sense of immediacy. We are a long distance from the norms of belief that prevailed around 1500, and must make an effort to gain access to them. An essential difference resides in the fact that in the Middle Ages, the gaze directed at images of Christ was returned, flowing in two directions. With such a conception, the title *Wir sehen dich* (We see you) must be completed with: "and you see us." A few examples can serve to clarify this point:

In the scene of the Karlsruhe Passion showing Christ being stripped naked [s. p. 33], the Son of God's head is turned toward the beholder for a specific purpose: mutely and with his gaze turned inward, the silently suffering figure calls upon the viewer to show remorse for his sins. This is an appeal for a moral conversion. In his early painting of *Christ as the Man of Sorrows* dating from circa 1493 [s. p. 36], Albrecht Dürer relies upon direct eye contact between viewer and depicted figure. Christ, who bears the wounds of the Crucifixion and the tools of his Passion (crown of thorns, scourge, bundle of birch rods) is simultaneously dead and alive, human and divine. He sits on his own sarcophagus, resting his head in his hands in a gesture of melancholy and gazing at the worshiper with wide eyes. In his "Small Woodcut Passion" of 1511, Dürer accompanies the Man of Sorrows appearing on the title page with Latin verses composed by his friend Benedictus Chelidonius, a learned Nuremberg monk. Chelidonius has Christ saying in his text: "You, oh man, are the cause of my great suffering, the awful cause of my crucifixion and death. Oh man, it is enough that I have suffered once for your sake. Please do not crucify me with fresh sins."[21] Framed incisively here is the notion of a continuing Passion which extends right up into the present. For viewers today, Dürer's suffering Christ is experienced as being mute. The appeal of the Man of Sorrows falls on deaf ears. It is important to emphasize that medieval representations of the Passion were not history painting, they did not seek to depict past or concluded events. The narratives are represented in the present tense, and the Saints conceived as contemporaries. To show them in the image was to make them present.

21] Cited from Dresel/Lüdke/Vey 1992 (see note 18), p. 24f.

"We see you" – and you see us: this mutuality is evident in an especially striking way in Martin Schaffner's painting *Peter and Paul with the Veil of Veronica* of 1518 [s. p. 37]. The central motif of this large panel painting is the "Sudarium of Veronica," one of the most precious relics held in St. Peter's in Rome. The Apostle Princes Peter and Paul present the veil with the "visage of Christ" on a balcony, as though in a public display of the relic. Yet more is visible than a mere imprint of Christ's face. His head is rendered in an extraordinarily three-dimensional and lifelike way, and seems to hover in front of the cloth, onto which it casts a shadow. In relation to the apostles, it is over-life-sized, and fixes the beholder with a penetrating gaze. Below, we read the following words from the Epistle to the Hebrews (4: 13): "[et non est ulla creatura invisibilis in conspectu eius,] omnia nuda et aperta sunt oculis eius" – And before him no creature is hidden, but everything is open and laid bare to the eyes of him.

Concerning his expectations of the painted image, the mystic Heinrich Seuse commented that when viewing them, they should "impress themselves onto the soul through our eyes."[22] Precisely this is difficult to imagine, since the religious context from which these pictures emerged has grown unfamiliar. For museum visitors who lack this involvement in the Christian cult, these images are viewed simply as works of art. In this sense, various screens or filters have interposed themselves between us and the paintings. Paul Celan too was pained by the difficulties involved in an "encounter" between work and receiver, poem and reader, author and public: "I occupy a different spatial and temporal plane than my reader, he can understand me only "at a distance," he cannot get hold of me, but can only take hold of the bars which separate us."[23]

22] The original reads: "dúr únsrú ogen in die sele truken," cited from Michael Philipp, "Das Bild des Glaubens: Kunst und Religion im späten Mittelalter," in the exhibition catalogue *Zwischen Himmel und Hölle. Kunst des Mittelalters von der Gotik bis Baldung Grien*, Munich 2009, p. 15.

23] Cited from Emmerich 1999 (see note 15), p. 8.

Sensation

In each of the eight galleries, Balka's corridor through the department of early German painting in the Karlsruhe Kunsthalle has been equipped with an exit which makes it possible to approach the works before reentering the device and continuing on. Above each of these entries/exits is a fan, which is triggered when it is approached by a visitor. Balka realized a similar concept in 2007 in his installation *Cruzamento* (Crossing) in Rio de Janeiro. A clue to interpreting this work is offered by the catalog to the London exhibition *How it is* (2009). There, Balka juxtaposed a photograph of the *Cruzamento* installation – quite tellingly – with a reproduction of a painting by El Greco [s. p. 38].[24] This image of *St. Francis of Assisi in Ecstasy*, its discovery hailed as a sensation, has been on view since 2004 at the Diocesan Museum in Siedlce, not far from Warsaw. The setting is probably nocturnal. The saint, illuminated by a pale light and surrounded by ragged clouds whose forms echo his inner agitation, directs his gaze toward the heavens. The source of his ecstasy is his communion with God, whose message he receives with outspread arms. Visible on his right hand is a stigma, a reminder of the wounds received by Christ during the crucifixion. A skull alludes to the transitoriness of earthly life, but St. Francis turns his attention toward the beyond, which stands for eternity.

24] Exhibition catalogue, *Mirosław Balka, How it is*, London 2009, p. 64f.; cf. Izabella Galicka and Hanna Sygietynska, "Ein unbekannter Heiliger Franziskus in Ekstase des El Greco in Polen," in: *artibus et historiae Nr. 54* (2006), pp. 147-160.

The cruciform installation *Cruzamento* displays religious traits: the fans can be interpreted as symbolizing heavenly revelation. Individuals who embarked upon the via crucis were seized by a wind inhabited by a divine power, by God: "For behold him who forms the mountains, creates the winds, and reveals his thoughts to man" (Amos 4: 13). In the Bible, God often intervenes in terrestrial matters by means of a wind: he uses a gale to blow away the deluge (Moses Chapter 1, 8: 1), drives away the destructive locusts with a wind (Moses Chapter II, 10: 19), vanquishes Israel's enemies by means of a wind (Moses, Chapter II, 15: 10). Wind can be either boon or punishment: when he flees via the sea, God sends a wind to Jonas (Jonas 1: 4). In the New Testament, Christ as well appears as the Lord of the Winds (Matthew 8: 27 and Mark 4: 41).

The outer impact and inner emotion caused by a divine wind has rarely been depicted so beautifully and sensitively as by Grünewald. Represented on one of the two Karlsruhe grisaille paintings from the so-called Heller Altarpiece is a young female saint who cannot be clearly identified [s. p. 40]. Her long, freely flowing hair indicates that she is a virgin, the palm branch in her right hand identifies her as a martyr. Her floor-length, fur-lined dress and the elaborately pleated robe worn over it correspond to the noble fashions of the early 16th century: Grünewald visualizes the saint as a contemporary. Using the most subtle gradations ranging from pale to dark gray, Grünewald has differentiated the illuminated and shadowed parts of the draping fabric, the medicinal herbs growing below, and the gently curving niche. Like the light, the wind comes from the left. It flows through the virgin's hair, causing her curly locks to waft over to the right. The sudden gust and the sunshine may explain why the saint holds her head averted and her eyes half-closed. At the same time, she smiles, inspired by the wind and light which emanate from God. They assure her that her martyrdom will be repaid with eternal life. The palm branch, the sign for triumph in antiquity, signifies not death, but instead its overcoming.

By means of his fans, Miroslaw Balka inserts caesurae into the circuit of his fenced corridor. These points are perhaps reminiscent of the Stations of the Cross or of the large paternoster beads of a rosary. Be that as it may, each visitor is physically touched by this "air shower" and – ideally – startled as well. Balka's conception recalls the works of American artist Bruce Nauman, who activates the various senses with his installations. In many cases, they are not merely visible, but also audible, palpable, experienced with immediacy. In his early "corridor pieces," Nauman occasionally used fans as well.[25] In Balka's case, however, the context is different, and this decisively conditions the work's meaning. Here, visitors move, see, and feel in the vicinity of late medieval and early modern art. Obviously, these images did not originate simply for the purpose of visual display. They were meant to engender emotion. In the act of beholding the Passion of Christ and the martyrdom of the Saints, viewers were to have suffered along with them, to have identified with the joys and sufferings of the Virgin Mary. The encounter with God was more than an intellectual or visual experience; gripped by profound emotion and through empathic involvement, beholders experienced these images with their entire bodies. Texts from the late Middle Ages document the pervasiveness of such experiences. Heinrich Seuse tells of the intense sympathy which overcame his own mother before a carved crucifixion group in the Cathedral of Constance. She was submerged in the imagined sorrows of the Virgin Mary to such a degree that she was emotionally and physically shaken and finally sank to the ground unconscious.[26]

Since the 16th century, the religious art of the late Middle Ages has been perceived and valued by artists in very different ways. During the Renaissance, its impact continued, while it was at the same time subject to critical judgment. During the Baroque, Rococo, and Neoclassical periods, its reputation sank into oblivion. Medieval art was rediscovered only in Romanticism. Many 19th-century artists yearned for a deeper religiosity, one not yet sickened by doubt, and they admired medieval art as the authentic expression of a still robust religious faith. After the experiences of World War I, Expressionist artists viewed the paintings of the late Middle Ages – suffused with suffering and often intensely expressive – as a distant mirror of their own disjointed time. In formal terms as well, these artists were attracted to late Gothic art, still unregulated in terms of perspective, anatomy, and other naturalistic representational resources. Of course, we cannot immediately incorporate Miroslaw Balka's installation *Wir sehen dich* into the reception history of medieval art sketched above. Balka is not concerned primarily with taking up motifs and transforming them in his own work, and even less with the adaptation of a style. He sends us on a via crucis, encouraging us to gaze through his wire fencing, offering us a presentiment of divine proximity in the form of gusts of wind. By these means, he provokes us into pondering our relationship to these works of art, now around 500 years old. He stimulates the viewer's reflexive capacities and

25] Cf. Joan Simon (ed.), Bruce Nauman. *Exhibition Catalogue and Catalogue Raisonné*, Minneapolis / Basel 1994, pp. 245-263 and p. 333, no. 194a: "Wall with Two Fans," 1970.

26] Verbatim, his testimony reads: "ir herz neiswi erkrachete enpfintlich in ir libe, daz si von amaht nider seig an die erde und weder sah noh sprach," cited from Philipp 2009 (see note 22), p. 15.

raises questions: What do we expect after death? Does suffering have a meaning? Is God watching us? Balka provides no answers: "My art is always on the side of doubt."[27] But there are indications of solace, for example the rainbow found in Balka's first design for the Karlsruhe installation. In the monumental project *How it is* installed in the Tate Modern in London, Balka has visitors enter the dark black interior of a container via a ramp. The space seems to stand for death, for the shadow realm of Hades, but can also be interpreted as the rescuing Noah's Ark. When the viewer turns around inside the container, he looks into the light. As Balka said in an interview of 2007: "By showing the dark side of things I am also willing to believe there's some hope."[28]

27] Cited from exhibition catalogue, Strasbourg 2005 (see note 16), back cover.

28] Exhibition catalogue, Santander 2007 (see note 10), p. 127.

Regine Heß

The Body in a Box Experiences of Physical Oppression in Art

You do not see us – we see you

On October 20, 1599, when Cardinal Paolo Emilio Sfondrato (1560–1618) ordered the opening of the burial chamber of St. Cecilia, located beneath the Church of Santa Cecilia in Trastevere in Rome, Antonio Bosio, chronicler and catacombs expert, commented in his *Historia passionis beatae Ceciliae* (1660): "Found in the casket was the body of the Blessed virgin Cecilia, covered in a dark silk cloth, and radiant beneath this cloth were her golden garments, spattered with her virginal blood (...). The body lay on its right side, the legs drawn up slightly, arms stretched out in front, the head to one side and facing downward, as though she were asleep, perhaps in the same position in which she survived for three days after receiving three blows from an ax. The celebrated Cardinal Sfondrato had a likeness of her fashioned in marble in imitation of this reclining body."[1] All of Rome took part in these events. In 821 AD, the mortal remains of the martyr had been retrieved by Pope Paschal I from the catacombs of San Callisto on the Via Appia, where she had been entombed between 222 and 230 by Pope Urban I together with other martyrs. Now she was to be transferred to the new church which had been erected by Cardinal Sfondrato on the site of the old church, which had dated from the ninth century. He commissioned the young sculptor Stefano Maderno with fashioning an image of the dead Cecilia, which was based on the legendary discovery of her body. In 1600, she was set into a richly decorated niche in the high altar above the reliquaries of the saints, where she remains the central focus of veneration [s. p. 43].

Wir sehen dich (We see you) – the title of the exhibition by Miroslaw Balka (*1958) currently installed in the galleries of late medieval art in the Kunsthalle Karlsruhe – is formed from two pronouns and a verb. Who is "we"? Who is the interlocutor, the "you"? We, the public, you the saints, and their painted or sculpted bodies? Or do the saints gaze back at us, are we then "you"? Maderno's image of St. Cecilia refuses the gaze, and precisely by averting her

1] "Dentro questa cassa stava il corpo della beata Cecilia Virgine, coperto di un velo di seta scuro e sotto il velo rilucevano di tenue fulgore le vesti dorate chiazzate di macchie di sangue verginale (...). Quel corpo giaceva appoggiato sul lato destro con le gambe un po'contratte, le braccia protese in avanti, con la testa assia ripiegata, il viso rivolto verso terra a guisa di chi dorme, conservando, con ogni probabilità la stessa posizione che aveva assunto dopo il triplice colpo al quale era sopravvissuta per tre gorni. L'illustrissimo cardinale Sfondrato si occupò di far costruire un simulacro in marmo raffigurante questo corpo giacente." Cited from Anna Lo Bianco, Cecilia. La storia, l'immagine, il mito. La scultura di Stefano Maderno e il suo restauro, Rome 2001, p. 15.

face, calls our attention to the reflexive relationship between beholder and depicted figure. The motif of being seen, as well as that of a deliberate avoidance of the gaze, are common to many important religious as well as secular works of art. Art historian Wolfgang Kemp has circumscribed this fundamental strategy with the formula: "The beholder is in the image." This clarifies the specificity of place characterizing older art, which runs counter to the modern image's placelessness and spacelessness: earlier, the image was bound up with its architectural setting, and the artist was thoroughly familiar with his public and their expectations.[2] As we know, this circumstance was altered with the emergence of the autonomous work of art in the 19th century, when artworks (including medieval and sacred ones) entered the art market and began to circulate. The gaze became directionless, and the addressee who met the picture's gaze came to be conceived as anonymous. In the 20th century, "We see you" became "We see someone / everyone / the public." And the museum is the location which provides this undirected relationship of gazes with a stable space.

2] Cf. Wolfgang Kemp, "Kunstwissenschaft und Rezeptionsästhetik", *Der Betrachter ist im Bild* [1985], expanded new edition, Berlin/Hamburg 1992, p. 7-27, p. 9.

The gaze, but also the body as a whole, is well-suited to expressing a sense of oppressiveness and dread. Through its design, however, the surrounding container as well, referred to here as a box (in contradistinction to a space, *spatium,* or room), is also capable of instigating such feelings. If it encloses the body, moreover, then the sense of confinement is experienced directly, physically. The argument of this essay, however, is that even without the figure, that is to say without the body, the box is capable of communicating oppressiveness. This occurs when the beholder is enclosed, is compelled to go beyond contemplative behavior to become a "participant." Now is beginning a more complex bodily experience. But the act of looking ends when the figure as the counterpart of the participating public is absent. Miroslaw Balka's *Wir sehen dich* (We see you) offers something new: through its sculptural-spatial structure and its museal installation, it connects the late medieval art of the 13th to 16th centuries with the art of the early 21st century. It is well-suited to re-enlivening the view axis joining the depicted figures of the saints – so temporally remote yet spatially proximate – and the contemporary viewer.

The following considerations of the connection between body and box are based on a sculptural and spatial concept of art, not one derived from the planar character of painting. The examples of sculpture and painting from the 15th and 20th centuries drawn on in this discussion too are considered from the perspective of painted, and hence feigned corporeality and spatiality.

As a rule, bodies in boxes do not look at the beholder. These are dead people who lie in narrow burial chambers or niches, into which spectators are able to peer. Like the early Christian martyr St. Cecilia, they do not look at their publics. And although we do not see her gaze, the view of her contorted body meets us with great force, for perceived here is something extraordinary: a martyred body, one that is deprived of its humanity not just by death, but as well by the emphatic staging of the absence of the gaze. As a sanctified body, the youthful Cecilia instead displays the gruesome traces of her martyrdom: three deep slash marks on her neck. Singled out by the miracle of her lifeless yet intact body, as transmitted by the 16th century legend cited above, she still takes up a space prescribed by her bodily dimensions: in width and depth, the altar niche corresponds to the length of the plinth, measuring 130.5 × 45.5 or 49 cm, upon which her figure is positioned. St. Cecilia lies facedown, concealing the seat of human expressiveness from the beholder. The late-Mannerist beauty of this woman, graceful even in death with her elongated hands and feet, and the precious setting minimize the awfulness and provide a sense of distance. At the same time, her spectacular bodily pose engenders a powerful effect, one mitigated in turn by the averting of the head. Here, the box is a sepulchral niche, fashioned from black marble. It alludes to the darkness and uncanniness of the grave, but also to the night of death.

In another work that is just eighty years older, by contrast, the powerful impact of a depiction of the dead Christ in a highly confined space is attenuated neither by preciousness nor ideality. In Hans Holbein the Younger's Dead Christ in the Tomb (1521/1522), the somber, painted sepulcher is open on one side to reveal the full length of the recumbent body of the martyred Son of God, now awaiting resurrection [s.p. 45].[3] Only the stone floor – sliced through one side, draped with a burial cloth, and acting as a base – separates the body somewhat from the sphere of the beholder. Holbein heightens the effect of oppressiveness by rendering the right wall of the tomb and Jesus' feet in an oblique view, while the body down to the knees is painted parallel to the picture plane. The panel was presumably a part of the donation by the Amerbach family to the Charterhouse in Basel.[4] There, it may have adorned the epitaph of the deceased family members, approached by viewers from the left – the gaze was hence directed toward the right hand side of the picture. The wide-open, paralyzed mouth, the protruding chin and oppressive closeness above the Messiah's rib cage strengthen an impression of shortness of breath associated with the fear of enclosed spaces. Admittedly, constriction can signify a sense of security, but the palpable lack of breathing space that confronts us in Holbein's panel unavoidably reverses such feelings into their contrary, into claustrophobia.

The panel was probably originally displayed at eye level.[5] Its place within the room presumably contributed to its intense expressive power. The niche of the dead St. Cecilia too, beneath the altar mensa, was positioned at the eye level of the faithful, who gathered in front of the rood screen. Here as well, the location of the box contributes to the impact of its contents. But while the sculpture was never removed from the church, Holbein's panel is found in the Basel Kunstmuseum, where viewers must approach it from an arbitrary angle.

3] This image has a special relevance for Miroslaw Balka: as part of an associative assemblage of reproductions, photographs, and found objects, it is displayed in a room in his studio in Otwock near Warsaw.

4] *Hans Holbein the Younger: The Basel Years: 1515–1532*, exhibition catalogue, Kunstmuseum Basel (catalog entry by Bernd W. Lindemann), Munich/Berlin/London/New York 2006, p. 259.

5] Ibid.

The cohesion of body and box, which was a part of the panel's conception and is of importance for its reception, has been dissolved. As a consequence of the events of the Reformation, the location of this panel in the Basel Charterhouse before a specific public and that public's expectations of the image have become historical facts. In order to shelter the works donated by the Amerbachs from destructive iconoclasm, the family removed them from the Charterhouse into their own custody, which then entered the profane context of a private collection.

You see us – we see you

Menaced by death, pursued, tormented – they gaze out at us. Christ's passion, depicted as early as Late Antiquity, is the archetype of oppression and martyrdom. As the highpoint of the narrative of salvation, it transmits a message, and possesses an appellative character. The six panels of the Karlsruhe Passion (circa 1450) preserved in the Kunsthalle Karlsruhe[6] constitute an especially important part of the museum's collection. The events of Good Friday are depicted vividly and with great mastery [s. p. 32, 33]. On the panel showing the *Disrobing of Christ*, Jesus' gaze is directed out of the image. Frightened and agonized, it also communicates acceptance, thereby conveying the secret of the Passion. His gaze fell into the space of the early beholders in the church, calling on their compassion, sympathy, and demanding remorse for their sins. Only Jesus' gaze penetrates the boundary separating the depicted events from the real world in front of the image. Here, the words "We see you" mean "I see all of you."

6] A seventh panel is preserved in the Wallraf-Richartz Museum in Cologne.

Accompanying the sense of oppression affecting his scourged body is the tremendous constriction of the space he occupies: legionaires, soldiers, onlookers, and high priests fill the vertical format of the composition almost entirely. The narrow strips of earth and sky are blocked with weapons and a ladder. The Saints as well, led by Mary and John, are harried and oppressed: only half of John is visible along the left edge of the picture, while of the other four saints, we see only single eyes or parts of heads. The space they are allotted is confined and reduced to a degree capable of triggering a sense of crowdedness in the beholder. While the sufferings of Christ and his followers are characterized in this way, this sense of constriction does not seem as excessive for the other protagonists – almost as though they do not share the same space. In terms of pictorial structure, only the victims seem to suffer under this confining situation, while the moral narrowness of the tormentors is apparently reflected in the outwardly narrow space. In the following panel, the *Nailing to the Cross*, the relationship between the gazes is reversed: here, it is one of the myrmidons who looks out of the scene and directs his gaze at the public in front of the image, while Jesus and Mary exchange looks. This figure kneels on Jesus' body in order to support the stretching out of his legs and the nailing of the Savior's feet to the cross. At the same time, he knots the loincloth. In an act of mercy, this tormentor blocks our view of the crucified figure's private parts. Presumably caught in inner discord, he looks out at the beholder questioningly. Again, it is a question of: "I see you," except that now it is Christ's tormentor who looks at us. By allowing both the Messiah and his tormentor to establish eye contact with the believer, the painter of the Karlsruhe Passion adopts an independent yet thoroughly ambivalent position.

This virulent arrangement of gazes reappears around 1470 in a copy of the panel showing the nailing of Christ to the cross, executed by an unknown master (the Master of the Maikammer Altar [?]) [s. p. 47].[7] Here, the myrmidon no longer surmounts Jesus' body, but is instead shifted to one side so that cross and the Savior's body are entirely visible. Once again, it is a case of "We see you."

7] Also currently on view in the Kunsthalle Karlsruhe as a loan from the Hessische Landesmuseum Darmstadt.

You do not see us – we see you

It is well known that depictions of the Passion, mediated by their musealization in the 19th century, incited Expressionist artists like Otto Dix, Karl Hubbuch and Erich Heckel to represent their own experiences of suffering.[8] In 1919, Max Beckmann (1884–1950) was probably inspired by the above-mentioned copy of a panel from the Karlsruhe Passion when he created his horizontal lithograph *Das Martyrium* (The Martyrdom) as part of the print sequence *Die Hölle* (The Hell), whose densely crowded composition depicts the assault on German Communist Party leader Rosa Luxemburg [s. p. 49].[9] The diagonal configuration of the tormented body and the outstretched arms and legs of the famous Socialist are immediately reminiscent of the late medieval panel. Luxemburg's face, etched with suffering, gazes nowhere; although it is held parallel to the picture plane and turned toward the viewer, her eyes, which lack pupils, seem unseeing. Any attempts to establish contact with her from outside of the picture are rendered futile by the hopelessness of her dreadful situation and the imminence of her violent death. For the atheist Luxemburg and the skeptical Beckmann, hopes for religious redemption would presumably have been tantamount to sacrificing the political character of this print. And yet Beckmann does resort to a medieval and sacral mode of composition and of vision. Here, Beckmann conceives of himself as a witness, and himself assumes the role of beholder.[10]

After the political barbarism of the revolutionary chaos around 1919, another composition – one whose content is also the gaze of an oppressed body – depicts the brutal persecution and elemination of the Jews. Felix Nussbaum, a Jewish painter born in 1904, was murdered at Auschwitz in 1944. With growing intensity, especially in his *Selbstbildnis mit Judenpaß* (Self-Portrait with

8] On the reception of Matthias Grünewald, see for example the Aschaffenburg exhibition catalogue *Grünewald in der Moderne. Beckmann, Dix, Picasso, Rainer, Schad und andere*, ed. Brigitte Schad and Thomas Ratzka, Cologne 2002.

9] Cf. Holger Jacob-Friesen and Christiane Zeiller, "Querschnitte durch Beckmanns druckgraphisches Werk 1914 bis 1924, II. Die Hölle" (Holger Jacob-Friesen), in Max Beckmann. Druckgraphik 1914–1924, exhibition catalogue, Staatliche Kunsthalle Karlsruhe, Heidelberg 2005, pp. 56-67, here pp. 57f58.

10] Cf. ibid., p. 56.

Jewish Passport, before August 1943;[s. p. 50], he documented his experiences as a witness to atrocity during his long-suffering path through exile and persecution, preserving his own features in his paintings for posterity. Set against a darkened sky and standing inside of (or before?) the angle of a wall, Nussbaum displays passport, stamped with "Juif – Jood." He wears a fedora, and the collar his trench coat is turned up; visible on his chest is the yellow star worn by the Jews. Only his anxious face and his hands are visible in this shoulder-length portrait. Looming up behind him is the façade of a house (Rue Archimède 22[11]), a tree with most of its branches sawn off, and with a single blossoming branch, as well as telegraph wires – the latter reminiscent of the barbed wire of a concentration camp. The sky has patches of blue and pink, but is otherwise covered in dark clouds. Light falls onto the window of the second-story apartment shared by Nussbaum and his wife Felka Platek. The wall is crumbling, and protruding from it above Nussbaum and to the left is a hook. Regarding the perspectival arrangement: it remains unclear whether the wall behind Nussbaum curves forward, or instead into the depths of the picture. In either case, Nussbaum occupies a confining and constricted space. He is depicted as a persecutee who must endure a nighttime identification check while switching from one hiding place to another. Nussbaum's emotions are rendered in a close-up view. In a gesture enjoining discretion, this persecuted figure looks directly at the viewer – is the latter the menacing passport inspector? While St. Cecilia averts her gaze, Nussbaum's direct look at the viewer demands that he bear witness, conveying the truth about the artist's precarious situation. The setting, based on the real setting of Rue Archimède in Brussels, endows the image with a localized specificity, one opposed by the placelessness of the painting itself: Nussbaum hoped that his works – hidden with trusted individuals – would be brought together someday in a museum, but could by no means be confident this would ever occur. Set against the dilemma of political persecution and the desire of a doomed individual for the survival of at least his artistic œuvre, the undirected addressed gaze – addressed now to an anonymous public as the hallmark of the autonomous artwork – loses its meaning. On the initiative of a relative of the artist's, Nussbaum's works have been brought together and displayed publicly on a permanent basis in the Felix Nussbaum Haus in Osnabrück. The building was erected between 1994 and 1998 by the American architect Daniel Libeskind (*1946). In keeping with his deconstructive conception of architecture, Libeskind's museum is based on three axes which combine to form a triangle, and whose rooms have pointed, angular shapes. Nussbaum's *Self-Portrait with Jewish Passport* hangs in one such gallery. Libeskind's museum makes possible a transformation from the sense of oppression expressed by the painting into the bodily experience of the museum visitor. Diminished at the sharply angled end of the room is the distance required for the tranquil contemplation of works of art. The relation-

11] One of his two hideouts in Brussels. Cf. Eva Bergner / Inge Jaehner / Peter Junk / Karl Georg Kaster / Manfred Meinz / Wendelin Zimmer, *Felix Nussbaum. Verfemte Kunst – Exilkunst – Widerstandskunst*, Beiträge zur Osnabrücker Kunst- und Kulturgeschichte, vol. 3, eds. Kulturgeschichtlichen Museum Osnabrück and the Museums- und Kunstverein Osnabrück e. V., third revised edition, Bramsche 1994, p. 413.

ship between the artwork and a specific location where it is presented, a relationship dissolved during the 20th century, is weakened much further now by the placelessness of the refugee and his defamed works – even the survival of the painting itself must have seemed improbable. In the Nussbaum collection, its preservation is assured. Libeskind's museum architecture has even given the self-portrait a setting which renders palpable the sense of oppression experienced by the painter himself.

No looking

Libeskind also exploits the spatial apertures and distortions, cavities and constrictions found in many of his museum buildings. In adopting such a strategy, he is close to US-American sculptural production since 1965. Then, Minimal artists like Donald Judd, Robert Morris, and Carl André began to render space itself perceptible via its presentation and delimitation, i.e. rather than setting up a sculptural figure as a nucleus within the room. Using monumental steel slabs, Richard Serra formed interspaces through which the public moved. Bruce Nauman (*1941) began to explore space through the movements of his own body, filming his perambulations through his empty studio. His performative pieces led from the filmic works, to the use of rooms as test apparatuses for investigating human locomotion and involving structures which often took the form of corridors. Finally, he exhibited these works without their accompanying videos (*Performance Corridor,* 1969/1970, Whitney Museum of American Art, New York), thereby offering visitors the option of becoming "participants" themselves by moving through his sculptures. Such participation might generate mixed feelings involving curiosity and anxiety – not unlike those experienced in the narrow rooms and passageways of Libeskind's museum buildings. Unlike Libeskind's spaces, Nauman's spatial sculptures were not created with didactic or memorializing intentions; Nauman's represent nothing beyond their own purely physical presences. In 1974, he built his *Double Steel Cage* [s.p. 52], an entirely self-enclosed chamber fashioned from steel latticework, within which he set a second chamber.

We see us

The difference between Nauman's corridors and those of Balka now becomes clear: although Nauman also created latticework boxes and thematized spatial constriction, he nonetheless remained on the level that is immanent to the work itself. By situating his latticework corridor in the museum, in contrast, Balka engenders a referential horizon which extends from the viewer's experience of his own physical situation all the way to a renewed interrogation of late medieval religious art. Nauman sacrificed the dialogical relationship between work and beholder, one established via the gaze, in favor of the corporeal experience of oppressiveness. Balka too subjects viewers to physical constriction, thereby allowing them to experience their own bodies with heightened intensity. This sensory experience is intensified by the fans, which emit powerful blasts of air at the entryways/exits, accompanied by the noise this generates. But by setting up his fence not simply around the public, by also positioning the depicted bodies of the saints behind it, he subjects both to a sense of oppressiveness. Now, the oppressed bodies in art are not just those of the saints, but also those of their counterparts, the members of the museum public. If in the late Middle Ages, it was the faithful in the church who were unsettled by depictions of the suffering Jesus, it is now the visitors to an institution whose origins are found in the Enlightenment (for that is what the museum is) whose customary radius of action is curtailed through an artistic intervention, who are thrown back upon themselves. The novel character of Balka's project lies in its merging of traces and gazes: now spatially constricted ourselves, we behold the tribulations of Christ in these painted images. Peering out from or exiting a contemporary spatial installation, we contemplate images which return us to the earliest artistic depictions of oppressed bodies in art: representations of the Passion and Salvation.

Pia Müller-Tamm

Miroslaw Balka
Wir sehen dich (We see you)
Reflections on the Museum

– I –

The working hypothesis of the museum can be stated as follows: Works of art enter the museum after abandoning their earlier locations, and they occupy the new one by displacing other works of art. Every activity taking place in the museum, then, is related to dispossession and displacement. This is true in particular for a museum like the Staatliche Kunsthalle Karlsruhe, which is home to a wide-ranging, high-quality collection, and which lacks continuously usable galleries for temporary exhibitions. It is all the more tempting, then, to turn these institutional drawbacks to positive ends by deploying the context of the collection as a setting for new works. It was in this spirit that guest curator Julian Heynen proposed Miroslaw Balka as an artist and the galleries of early German art – the very heart of the distinguished Karlsruhe collection – as an exhibition location. To begin with, subcutaneous connective links suggested this astonishing constellation: on the one hand, a Polish artist who carries within himself the Catholic milieu of his origins, and yet has at the same time left it behind, an artist who is today the most sensitive interpreter of the collective memory of his country and the atrocities of World War II. On the other, the complex overall structure of a museum collection within which representations of Christ's Passion, of human suffering and pain, can lay claim to timeless validity. Evolving out of this constellation during months of collaboration between artist, curator, and museum was not so much a "reflection on the conditions of human existence in their most monstrous extremity."[1] Balka's project, supported by the subtlest historical references, instead takes the form of a reflection on the museum and on perceptions of art. For Balka does not displace, but instead adds, thereby allowing us to perceive with greater precision a picture collection in its profoundly disparate overall configuration, to perceive that which these works have lost via musealization – and that which they have gained thereby. At first, some friends of the Kunsthalle may encoun-

1] Catharina Winzer "Perspektiven künstlerischer Strategien zum Zweiten Weltkrieg in Polen: Miroslaw Balka und Zbigniew Libera," Frank Grüner / Urs Heftrich / Heinz-Dietrich Löwe (eds.), *"Zerstörer des Schweigens". Formen künstlerischer Erinnerungen an die nationalsozialistische Rassen- und Vernichtungspolitik in Osteuropa*, Cologne/Weimar/Vienna 2006, p. 467.

ter this work with a jolt of astonishment, but upon closer inspection, this temporary intervention by a contemporary artist into the imposing museal presentation is revealed as an Enlightenment gesture, and one which recalls the museum to its historic mission.

How, then, is this artistic "counter-power" – the one installed by Miroslaw Balka in this museal collection – articulated in practice? Which spatial configuration does it assume? The work *Wir sehen dich* (We see you) takes the form of a kind of corridor, one whose total extension of circa 100 m traverses the entire length of the eight rooms containing the collection of early German paintings in the first upper story of the eastern wing of the Kunsthalle's main building. In plan, it has the shape of an elongated rectangle. With a width of 120 cm and a height of 200 cm, the internal dimensions correspond roughly to the bodily radius of an adult. As his material, Balka has chosen simple metal latticework consisting of vertical and horizontal elements, through which the viewer's gaze can pass, but which at the same time holds him at a distance from the works of art. Found in each room is an opening which allows visitors to pass from Balka's corridor into the individual galleries of early German art before reentering it. Each entry/exit is outfitted with a fan, set into the ceiling, which is triggered by the visitor's approach. The trajectory through the corridor and the automatic switching on and off of the fans constitute complementary and rhythmically interrelated moments of stasis and movement. The title of the work, *Wir sehen dich* (We see you), was borrowed from a poem contained in Paul Celan's volume of poetry *Von Schwelle zu Schwelle* (From Threshold to Threshold).[2]

But the notion of the corridor is valid only in a provisional and limited way, since Balka is concerned with an artistic structure in space, yet one that is not at all characterized by a resemblance to built architecture. As the French art critic Alain Cueff has said: "Neither a historic nor a descriptive point of view can contribute decisively to determining its status. And this in contradistinction to painting and sculpture, which benefit by being situated vis à vis a tradition, and which can be described on the basis of unchanging criteria – and moreover regardless of which specific problems they happen to raise. Viewed in this way, it is only a small step to asserting ...that it is primarily a question of surpassing and calling attention to certain boundaries contained in the visual field."[3]

Wir sehen dich is one such open structure, and it cannot be understood fully via analogies with the familiar. For while there doubtless exists an aesthetic specific to Balka's work, no genre category or formal analysis can encompass it. Nor are the concepts of the earlier production aesthetic appropriate, since Balka is not primarily concerned with formal creation or design, but instead with delimiting a place – a hitherto unknown one – within which multifaceted and shifting references may converge. To be sure, this artistically defined place is characterized by the fundamental differences marking all spatial thinking: the

2] Paul Celan: Wir sehen dich (composed on Dec 7, 1954, first publication 1955), *same author, Die Gedichte. Kommentierte Gesamtausgabe in einem Band*, ed. and with commentary by Barbara Wiedemann, Frankfurt a.M. 2003, p. 84.

3] Alain Cueff, *Der Ort des Werkes*, ed. Ulrich Loock, Kunsthalle Bern, Eindhoven 1992, p. 16f.

boundary separating interior and exterior, familiar and unknown inclusion and exclusion, and finally immanence and transcendence. But Balka does not develop his structure in either/or terms. It is not a question of fixed spatial units, but of countless braced elements suspended between interior and exterior, of transition and mediation, of interfaces and threshold zones which allow boundaries and view barriers to be seen and thought at all times from two sides. The beholder (if we may call him this, albeit provisionally) defines his relationship to this place only in the act of moving. Balka is concerned with the transformative power generated by transgressing boundaries, with transitional passages – marked by the fans – capable of heightening the intensity of the experience. *Wir sehen dich* makes it possible for images and works from different orders to encounter one another in the perceiving beholder, and makes possible the invocation of the long-forgotten distinction between the sacred and profane spheres.

– II –

"The museum is a powerful and productive agency. It pretends to serve only pre-established ends, to wish only to conserve works of art and to present them in a thoroughly objective manner," writes Wolfgang Kemp – the well-known researcher of the structures of Christian art – about the museum. "In reality, it actually produces art – both the concept and the object."[4] Let us take a step back, then, and attempt to open up conceptually the seemingly opaque walls of the museum, this solid container of images and works, and to catch sight of the prehistory of musealization.

4] Wolfgang Kemp, "Kunst kommt ins Museum," Werner Busch (ed.), *Funkkolleg Kunst*, Munich/Zürich 1997, p. 228.

The Karlsruhe collection of early German art encompasses the period from 1360 up until the 16th century. Geographically, the emphasis is on the region of the Upper Rhine/Swabia, with its centers Strasbourg, Ulm, Augsburg, and Constance. It is one of the most important collections which embodies the epochal transition during which the image became self-conscious of its status as art, a period when the practice of producing religious pictures on commission from churches gave way to the free artistic production of the Renaissance. Contributing to the multifaceted character of the collection are private devotional images and monumental winged altarpieces, depictions of the Passion and of the saints, as well as profane commissioned works from the early period of the autonomous panel painting, most involving mythological or allegorical scenes or portraits. Assembled here, then, are works that were conceived for specific locations and fixed liturgical functions, as well as those that were intended from the beginning as freely nomadic images amenable to adaptation to various settings. Their presentation in the museum masks these categorical differences and altered conditions of accessibility.

Let us remind ourselves of the potential effects of sacral images at a time when the church still offered them a space of resonance and a domicile within the religious lives of believers. The image's perception was dependent upon the relations of scale between work and beholder; upon its visibility from specific locations within the sacred space; upon the movements of the believer within the church; upon the changing illumination (daylight filtered through the church windows, candlelight), by alternating accessibility (everyday versus festival views of altarpieces); upon the distance created by architectural structures, including the threshold leading to the altar space; and upon the clerical or lay status of the believer.5] All of these subtle gradations of visibility, which affected the switch between sensuous contemplation and suprasensual religious edification, as regulated for specific groups respectively, were associated with the spatial preconditions and liturgical functions of the sacral environment. The counterpart to the work was not a subjective viewer, but instead a collaborating congregation or its representative through which the religious image attained the desired effect.6]

As we know, numerous images were removed from churches and cloisters in the course of the Reformation. A genuine iconoclasm called into question the church's uncontested monopoly on art. The Lutheran abstinence from images and the inception of collecting activities at royal courts were parallel and indirectly related phenomena. In many cases, the change of context from sacred to profane settings occasioned by the Reformation, and later by secularization, led to basic interventions into the original substance of works of art themselves. In both times of peace and war, works of early German art were handled in ways that were less than cautious or reverential. As soon as religious images were deprived of their liturgical function, even owners from the clergy began treating them thoughtlessly. They were "recarved, added to, subdivided, split and even cut up, variously reassembled, and repainted or painted over."7] Numerous important works contained in the Karlsruhe collection experienced such fates – the most prominent instance being the subdivision of the panel bearing Matthias Grünewald's Crucifixion and Bearing of the Cross. Many panels have survived only as fragments, and numerous picture cycles are conveyed as individual images [s. p. 56].

The trajectory leading from the medieval cult image to the modern work of art established a new distance between the work and the beholder.8] The early princely collections of the 16th-century, including that of the Margrave of Baden, were governed by a different, a profoundly worldly logic: it was a question of *plenitudo*, of a demonstration of wealth, abundance, variety, and splendor. The acquisition of 101 paintings by the Margrave Ludwig Wilhelm of Baden in 1693 for his new palace at Schlackenwerth in Bohemia documents just such an attitude.9] The feudal mode of presentation subjected the works to a leveling gesture: with many works hung alongside and above one another in densely

5] Barbara Welzel, "Kunst oder Botschaft? Postsäkulare Fragen an die Kunstgeschichte und einige Thesen zur Praxisrelevanz kunsthistorischer Methodendiskussion," Steffen Bogen/Wolfgang Brassat/David Ganz (eds.), *Bilder Räume Betrachter. Festschrift für Wolfgang Kemp zum 60. Geburtstag*, Berlin 2006, p. 342.

6] Werner Hofmann, *Die Moderne im Rückspiegel*, Munich 1998, p. 38.

7] Anna Moraht-Fromm, "Die Kunst der Beschneidung – beschnittene Kunst oder: Wie man mit Kunst umgeht," lecture manuscript delivered at a symposium marking the leave-taking of Dietmar Lüdke, Staatliche Kunsthalle Karlsruhe 2008, p. 2; appeared in *Jahrbuch der Staatlichen Kunstsammlungen in Baden-Württemberg*, vol. 46, 2010.

8] Hofmann 1998 (see note 6), p. 380. The present text owes much to Hofmann's discussions of polyfocality in the Middle Ages. The historical process of the emancipation of the autonomous image has been analyzed by Hans Belting in *Likeness and Presence*, Chicago 1997, chapter 20, p. 458 ff.

9] Jan Lauts, *Die Staatliche Kunsthalle Karlsruhe*, Hanau 1968, p. 16.

configured rows, the status of the individual work was relativized in favor of the overall impression, and qualitative differences and hierarchies of meaning simply ignored. The hidden order behind this overall hanging style of pictures was guided by primarily decorative criteria. At the level of the viewer, the nobleman or private individual now takes the place of the faithful.

After 1800, the modern experiential axis of aesthetic distance ushered art into the preserving space of the museum. In the wake of the Enlightenment, of secularization, and of bourgeois revolution, these works of art were extracted from mundane and religious functional contexts and became legible as pure form. Coming to an end with their removal into the sphere of "disinterested pleasure" (Kant) was a process which has lasted for centuries, and in whose course works of art have been divested of their religious and representative functions, thereby becoming profoundly "questionable" as autonomous art. Only the new free space of the museum made it possible to generate new meanings for them as a function of their availability.

The idea for founding the Grand Ducal Kunsthalle in the 1830s was owed to the enlightened spirit of an aristocrat, namely Leopold of Baden, who attempted to fulfill primarily edifying and educational tasks through his museum. In 1852, the museum's first director, the painter Carl Ludwig Frommel, stated that the Grand Ducal Kunsthalle, "with its collection" should "be not simply a monument of past times, but also an asylum for recent and even the latest art." To begin with, as Jan Lauts writes, collecting activity was nevertheless carried out without system or program.[10] In any event, a substantial gain in the field of early German art was an indirect consequence of secularization. After 1803, the Freiburg theologian J. B. von Hirscher had acquired a large number of these now homeless images from ecclesiastical holdings, and he sold 107 works to the Kunsthalle in 1858. As a consequence, the Baden holdings of early German art now rested on a broad foundation.

10] Ibid., p. 36.

The museum has not rendered art immobile, but has instead subjected it to shifting knowledge interests and models of presentation and communication. Art historical research and a hanging informed by scholarship, one initiated in the 1870s by university professor Alfred Woltmann, called attention for the first time to the importance and quality of the Karlsruhe holdings.[11] After 1900, the collection was reinstalled a number of times, as registered in the cartography of presentations compiled by Dietmar Lüdke [s. p. 58, 59]. The various configurations have emphasized the individuality of the works to differing degrees, and correspondingly their functions within larger ensembles; common to all is a striving for maximum visibility and accessibility. In the museum, the works are elements of an image cosmos, one which follows its own laws and the logic of the collection. On just one occasion have the works owned by the Karlsruhe Kunsthalle exited the sheltering space of the museum and reentered the stage of history at its most threatening: in 1944, the most important old master

11] Ibid.

works were taken down from the walls of the museum and deposited for safekeeping – after a highly risky transfer operation – in a salt mine near Heil bronn[12] [s. p. 62]. The surviving photos show these former objects of religious veneration, these manifestations of the most exquisite painting culture, stored unprotected on railway tracks in the dead of night – witnesses simultaneously to profound disdainfulness and to the audacity necessitated by the act of rescue.

12] Christhard Schrenk, *Schatzkammer Salzbergwerk. Kulturgüter überdauern in Heilbronn und Kochendorf den Zweiten Weltkrieg*, Heilbronn 1997.

– III –

Paradigmatic for the epoch of musealization is a sentence by the philosopher Hegel, who described the end of the divine veneration and adoration of artworks. They no longer required us to fall on our knees; instead, they demanded the "cultivation of reflection."[13] An anecdote reported by art historian Wolfgang Kemp in the 1980s strikes us as remarkable today. At the time, it was well known "that a farmer's wife used her occasional trips to town to visit the museum and to say her prayers before a statue of the Virgin Mary displayed there. As she later explained, this woman had prayed to this image of the Virgin since childhood. Back then, the sculpture stood in the church of her village; it entered the museum later. For some time, the museum staff observed the woman's activities helplessly; finally, they decided that it was not permitted to venerate images in a museum. The woman was sent away."[14] In 2001, in contrast, the French curator Jean-Hubert Martin organized an exhibition under the title *Altäre. Kunst zum Niederknien* (Altarpieces: Art for Kneeling) in a classical German art museum. There, in Düsseldorf's museum kunst palast, exhibition visitors were able to observe Buddhist monks in prayer – an attempt at the selective undoing of an apparently irreversible historical development. All the same, the museum was unable to arrange a loan of a consecrated Christian altarpiece for the exhibition.

13] Cf. G. W. F. Hegel: *Ästhetik* [1832–1845], Berlin 1955, p. 499; see also *Hegel's Aesthetics: Lectures on Fine Art* vol. 1, translated by T. M. Knox, Oxford 1998, p. 605.

14] Kemp 1997 (see note 4), p. 185.

Certainly, the neutral exhibition and gallery space – in which each work is accorded an optimal location and the best possible illumination – is not one of religious edification. In the course of musealization, the claims to exclusivity raised by art – as manifested in the autonomous easel painting – were transferred onto works of the Christian Middle Ages, just as they were onto all art forms. For this reason, both the ban on venerating images in the museum as well as the scheduled performance of religious ceremonies there seem forced and anachronistic. Yet our mode of perceiving (earlier) art is indisputably derived from the sphere of religion. We speak of immersion, absorption, contemplation – all of them attitudes and concepts borrowed from ecclesiastical contexts. Their use today should not obscure the fact that works in museums are revered primarily for the skill of their creators and for their aesthetic qualities.

Yet the two attitudes are nonetheless related. Recognized as early as the 19th century – that deeply divided epoch – was the analogy between sacred spaces and those of collecting. The museum as "aesthetic church" authorized the forgetting of the act of translocation associated with the displacement of works of art from church to museum.

Today, we are able to recognize the boundaries which circumscribe most of the pictorial realities that hang on our museum walls. An image that was formerly the object of religious veneration is more complicated than the framed, transferable gallery painting would allow us to suspect.[15] *Wir sehen dich* (We see you) adds a new dimension to the multiperspectival ensemble of the Karlsruhe collection. Miroslaw Balka disputes the exclusive validity of an aesthetically secure, autonomous concept of art, thereby finding himself in accord with the discontinuous history of the Karlsruhe collection. For this multiform ensemble demands changing perspectives within a *single image*, when for example sacred and banal realities are fused in a depiction of the Bearing of the Cross with onlookers; or when fragments of a larger ensemble result in new artistic units which no longer correspond to the Christian requirement for totality of meaning.[16] It also demands that we recognize historic discrepancies and incommensurabilities within the equilibrium of a painstakingly shaped museal presentation. Such a recognition may be engendered by art historical research, and may be formulated as commentary.[17] But it may also be rendered accessible to concrete, bodily experience through the resources of art.

From the religious sphere, we know that it is often those images which are not continuously visible, but are instead withdrawn from view for set intervals, which are attributed with the highest spiritual powers. Emerging from this interplay between concealment and display – a phenomenon familiar from the liturgical treatment of winged altarpieces – is a tension which grips the believing beholder and attunes him to the presence of a higher power.[18] This dialectic of showing and concealment, of veiling and unveiling, is not exclusively inherent to religious imagery, but is instead integral to art in the broadest sense as well. We see with greater acuity when our view is obstructed. Only when the act of looking is hindered or encumbered does it develop its full potency.

Wir sehen dich (We see you) negotiates vision under constraints: Balka's constructed space is a system which holds viewers at a distance, thereby necessitating its overcoming. At the same time, this boundary is porous, for the latticework permits the gaze to penetrate, intertwining interior with exterior and vice versa. It allows countervailing view axes: from Balka's corridor to the paintings in the galleries and their viewers, as well as into the constructed space of Balka's work and the visitors "displayed" within. The exits, with their whirling fans, stress the corporeality of the viewer on the threshold, and movement as an action which opens up space. As a consequence, the viewer is called upon to assume multiple roles: looking and walking complement one another to form

15] Hofmann 1998 (see note 6), p. 16.

16] Wolfgang Kemp, *Christliche Kunst. Ihre Anfänge. Ihre Strukturen*, Munich / Paris / London 1994, p. 18.

17] A scholarly catalog raisonné of early German painting in the Karlsruhe Kunsthalle is currently in preparation for publication by Anna Moraht-Fromm.

18] Cf. Horst Bredekamp, "Der simulierte Benjamin. Mittelalterliche Bemerkungen zu seiner Aktualität," *Frankfurter Schule und Kunstgeschichte*, eds. Andreas Berndt et al., Berlin 1992, p. 119.

a dynamic model of perception and action, engendering an experience which involves the multiple interpretation and hence redefinition of the relationship of the viewer to the sensory offerings of the museum.[19] Contemplation and reflection as modes of museal perception are interrupted and supplemented by moments of active participation, by a bodily experience that is enacted in the here and now.

19] Cf. Beate Söntgen, "Raumfiguren in Bewegung," in Brassat 2006 (see note 5), p 296ff.

These reception activities are capable of building bridges between contemporary museal perception and other uses of images. The encounter between Balka's installation and the works of early German art opens up an experiential space which might be conceptualized as distantly recalling earlier forms through which images were perceived in sacral spaces: of the movements performed in the church interior, of the overcoming of thresholds and of the heightened mode of attentiveness going beyond the everyday, one that emerges as a function of restricted views. For Balka, however, active participation in the form of physical movement and changing focus is not thereby converted into spiritual initiation. Instead, he succeeds in lifting museal perception from the detachment of a purely aesthetic attitude and endowing it with a processual quality. On repeated occasions, Balka has deployed an active principle, one involving the transformation of past into present, to sites of political commemoration, thereby rendering memory accessible – and this in the face of all skepticism regarding the representability of history. With *Wir sehen dich* (We see you), Miroslaw Balka marks out an unknown place from which the museum as a space of recollection can be experienced anew.

Biografie und Ausstellungen / Biography and Exhibitions / Miroslaw Balka

1958 geboren / born in Warsaw
1985 Abschluss der Akademie der Bildenden Künste in Warsaw / graduates from the Warsaw Academy of Fine Arts
1986–1989 Zusammenarbeit mit Marek Kijewski und Miroslaw Filonik als / collaboration with Marek Kijewski and Miroslaw Filonik as „Consciousness Neue Bieremiennost" („Bewusstsein Neue Schwangerschaft")
1991 Mies van der Rohe-Stipendium der Kunstmuseen Krefeld / Mies van der Rohe Scholarship from the Art Museums of Krefeld
Lehrt seit 2008 Bildhauerei an der Akademie der Bildenden Künste in Poznan / beginning in 2008: teaches sculpture at the Academy of Fine Arts in Poznan
Lebt und arbeitet / lives and works in Warsaw und Otwock
Balkas Arbeiten sind in den Sammlungen folgender Museen vertreten (Auswahl) / Balka's works are represented in the following museum collections (selected): Hirshhorn Museum, Washington D. C.; Moderna Galerija, Ljubljana; MOCA, Los Angeles; MoMA, New York; Museu Serralves, Porto; Muzeum Sztuki, Lodz; San Francisco Museum of Modern Art; Tate Modern, London; The Art Institue, Chicago; The Israel Museum, Jerusalem; National Museum of Art, Osaka; Van Abbemuseum, Eindhoven; Centre of Contempory Art, Warsaw

Einzelausstellungen (Auswahl) / solo exhibitions (selected):

Erinnerung an die Erste Heilige Kommunion, Zukow (1985); Percepta Patris Mei Servivi Semper, Galerie Pokaz, Warschau (1986); xxx, Galerie Nordenhake, Berlin (1990); April/My body cannot do everything I ask for, Galeria Foksal, Warschau (1991); bitte, Museum Haus Lange, Krefeld (1992); 36,6, MIT List Visual Arts Center, Cambridge MA (1993); Rampa, Muzeum Sztuki, Lodz (1994); Dawn, Tate Gallery, London (1995); a, e, i, o, u, Kunsthalle Bielefeld (1997); be good, Barbara Gladstone Gallery, New York; Between meals, National Museum of Art, Osaka (2000); eclipse, Museum Kroller-Muller, Otterlo (2001); dig, dug, dug, Douglas Hyde Gallery, Dublin (2002); Element die Exaktheit, Galleria Raffaella Cortese, Mailand (2003); Bon Voyage, Musée d'Art Moderne et Contemporain, Straßburg (2004); Lichtzwang, Kunstsammlung Nordrhein-Westfalen/K 21, Düsseldorf (2006); Cruzamento, Museo de Arte Moderna, Rio de Janeiro (2007); Tristes Tropiques, Irish Museum of Modern Art (2007); Entering Paradise + BGE, National Gallery of Modern Art, Edinburgh (2008); How it is, Tate Modern, London (2009); Topography, Modern Art Oxford (2009)

Beteiligung an Gruppenausstellungen (Auswahl) / participation in group exhibitions (selected):

Expression of the 80s, Galeria BWA, Sopot (1986); 2nd Biennale of the New Arts, Zielona Góra (1987); Polish Realities, Third Eye Centre, Glasgow (1988); Middle Europe, Artist's Space, New York (1989); Aperto, 44th Biennale, Venedig (1990); Metropolis, Martin Gropius Bau, Berlin (1991); Documenta IX, Kassel (1992); Europa–Europa, Kunst- und Ausstellungshalle, Bonn (1994); Rites of Passage, Tate Gallery, London (1995); Displacements, Art Gallery of Ontario, Toronto (1998); Absolut Ego, Musée des Arts Decoratifs, Palais du Louvre, Paris (2000); New to the Modern, MoMA, New York (2001); Rituale, Akademie der Künste, Berlin (2003); Experience of Art, 51st Biennale, Venedig (2005); Involved, ShanghART H-Space, Shanghai (2008); This is sculpture, Tate Gallery, Liverpool (2009); Horizontabschreitung, Kunstparterre, München (2009)

Diese Publikation erscheint anlässlich der Ausstellung
„Miroslaw Balka Wir sehen dich“
in der Staatlichen Kunsthalle Karlsruhe
16. 4. – 22. 8. 2010

Katalog

Herausgeber
Staatliche Kunsthalle Karlsruhe und Julian Heynen

Redaktion
Regine Heß, Holger Jacob-Friesen

Praktikanten
Lionel Ball, Melina Korner

Fotografie
Norbert Miguletz, Frankfurt am Main

Fotoarbeiten und Bildbearbeitung in der Kunsthalle
Wolfgang Pankoke mit Annette Fischer, Heike Kohler

Gestaltung
Anna Węsek, Buchtypo, Düsseldorf

Übersetzungen
Ian Pepper, Berlin

Verlagslektorat
Martina Buder, Steve Tomlin

Bildbearbeitung und Druck
DZA – Druckerei zu Altenburg

Gesamtherstellung
Verlag für moderne Kunst Nürnberg

Umschlagbild
Miroslaw Balka, *97 x 38 x 45*, 1942/2006 (Detail von S. 18)

Die Deutsche Nationalbibliothek verzeichnet diese Publikation in der Deutschen Nationalbibliografie; detaillierte bibliografische Daten sind im Internet über http://dnb.d-nb.de abrufbar.

ISBN 978-3-925212-78-9
für die Museumsausgabe

ISBN 978-3-86984-112-0
für die Buchhandelsausgabe

Verlag für moderne Kunst Nürnberg

Ausstellung

Konzeption
Miroslaw Balka

Gastkurator
Julian Heynen

Kuratorische Assistenz
Regine Heß

Kurator Sammlung Alte Meister
Holger Jacob-Friesen

Bau und Technik
Frank Lautenschläger, fc-Ingenieure, Ettlingen
Firma Lackus, Forst
Firma Büchel, Karlsruhe

Technische Leitung
Michael Kirchgäßner mit Manfred Friedrich, Rudolf Jung, Manfred Babl, Viktor Zeller

Presse- und Öffentlichkeitsarbeit, Marketing
Carmela Thiele, Britta Borger, Rebecca Debatin

Grafik
Fine German Contemporary, Frankfurt am Main, und Ute Renner, Susanne Ermel (Staatliche Kunsthalle Karlsruhe)

Restauratorische Betreuung
Thomas Heidenreich

Sachmittelsponsoring
Firma Ziehl-Abegg, Künzelsau (Ventilatoren)

fans and drives
ZIEHL-ABEGG

Staatliche Kunsthalle Karlsruhe

Direktion
Pia Müller-Tamm

Kaufmännische Geschäftsführung
Priska Weßbecher

Ältere Malerei
Holger Jacob-Friesen

Neuere Malerei und Plastik
Alexander Eiling

Kupferstichkabinett
Dorit Schäfer

Kunstvermittlung
Sibylle Brosi

Öffentlichkeitsarbeit und Marketing
Carmela Thiele

Gemälderestaurierung
Thomas Heidenreich

Fotowerkstatt
Wolfgang Pankoke

Bibliothek
Sabine Fürst

Technik
Michael Kirchgäßner

Aufsicht und Verkauf
Elena Alexander